Méthode de français

Workbook

Fabienne Gallon and Céline Himber

DELF : Adeline Gaudel

Photo credits

Cover: Pollyana Ventura © Getty Images
Interior: Shutterstock, sauf : p.16 (d) : SerrNovik © Istock/Getty Images ; p.42 © IPA / Bridgeman Images

Cover: EIDOS
Interior mock-up: EIDOS
Graphic adaptation: Anne Krawczyk
Layout: Anne Krawczyk
Edition: Valérie Benet
Revision: Brigitte Luttiau
Traduction: Mara Bertelsen
Illustrations: Christo
Sound production: Quali'sons / David Hassici
Publishing manager: Françoise Malvezin / Le Souffleur de mots

978-2-01-718488-1
©HACHETTE LIVRE 2021
Le code de la propriété intellectuelle n'autorisant, aux termes des articles L. 122-4 et L. 122-5, d'une part, que « les copies ou reproductions strictement réservées à l'usage privé du copiste et non destinées à une utilisation collective » et, d'autre part, que « les analyses et les courtes citations » dans un but d'exemple et d'illustration, « toute représentation ou reproduction intégrale ou partielle, faite sans le consentement de l'auteur ou de ses ayants droit ou ayant cause, est illicite ». Cette représentation ou reproduction, par quelque procédé que ce soit, sans autorisation de l'éditeur ou du Centre français de l'exploitation du droit de copie (20, rue des Grands-Augustins, 75006 Paris), constituerait donc une contrefaçon sanctionnée par les articles 425 et suivants du Code pénal.

Contents

Unité 1 Salutations
Lexique et **Communication** 4
Grammaire et **Verbes** 7
Auto-évaluation 10
Stratégie • Communicate in class 11

Unité 2 Origines
Lexique et **Communication** 12
Grammaire et **Verbes** 15
Auto-évaluation 18
Stratégie • Learn how to learn 19
Entraînement DELF 1 20

Unité 3 Loisirs
Lexique et **Communication** 22
Grammaire et **Verbes** 25
Auto-évaluation 28
Stratégie • Improve your listening comprehension 29

Unité 4 Rendez-vous
Lexique et **Communication** 30
Grammaire et **Verbes** 33
Auto-évaluation 36
Stratégie • Improve your speaking skills 37
Entraînement DELF 2 38

Unité 5 Héros
Lexique et **Communication** 40
Grammaire et **Verbes** 43
Auto-évaluation 46
Stratégie • Learn how to memorise vocabulary and conjugations 47

Unité 6 Réseaux sociaux
Lexique et **Communication** 48
Grammaire et **Verbes** 51
Auto-évaluation 54
Stratégie • Learn how to cooperate 55
Entraînement DELF 3 56

Appendices
Themed vocabulary 58
Maps 68
Transcriptions 72
Self-assessment answer keys 76

Lexique et Communication

Say hello and goodbye

1 a. Fill in the blanks with the following words.

à   bonjour   demain   revoir   salut

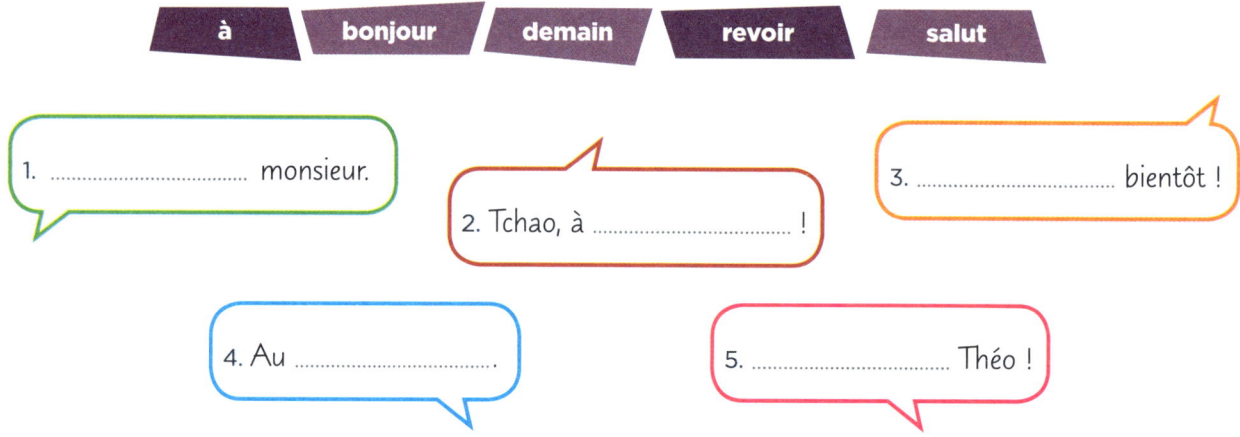

1. .... monsieur.
2. Tchao, à .... !
3. .... bientôt !
4. Au ....
5. .... Théo !

b. Sort the sentences from activity **a**.

Saluer	Prendre congé
Phrases : 1, ...	Phrases : ....

2 🎧 002 Listen and write which one doesn't belong.

Ex. : *Intrus* → *Bonjour !*

a. Intrus → ....   b. Intrus → ....   c. Intrus → ....

Ask for/Give news

3 Put the words in the right order.

a. va ? / Coucou ! / Ça
→ ....

b. ça / Comment / va ?
→ ....

c. Ça / toi ? / va ! / Et
→ ....

d. va / Ça / bien !
→ ....

e. À / merci ! / demain ! / Super,
→ ....

f. bien ? / Tu / Bonjour / Zoé ! / vas
→ ....

4 ▪ quatre

Unité 1

Introduce yourself/Introduce someone

4 Match. (Several options.)

a. Mon prénom,
b. Mon nom,
c. Je m'appelle
d. Je te présente deux copines :
e. Voilà

• Bastien.
• c'est Carlier.
• Emma et Iris.
• c'est Maéva.
• Jules Paquier.

5 Complete the dialogues.

Et moi, c'est Jamal.   Comment vous vous appelez ?   Moi, c'est Sylvie.

Comment tu t'appelles ?   Je te présente Gabrielle et voilà Joannes.

A — Moi, c'est Léonie. Et toi ?

B

C

cinq ■ 5

Lexique et Communication

Numbers 0 to 10

6 🎧 003 **Listen and write the numbers.**

Ex. : *1, 2, 3*

a. .... b. .... c. ....

7 **Write the results of the operations.**

① + ① = *deux*   ⑧ − ④ = ...   ④ + ③ = ...

⑦ + ③ = ...   ② + ③ = ...   ⑨ − ⑧ = ...

⑥ : ② = ...   ⑨ − ③ = ...   ⑦ + ② = ...

Objects

8 🎧 004 **Listen to the sounds and write the name of the objects.**

Ex. : *un smartphone*

a. .... d. ....
b. .... e. ....
c. .... f. ....

People

9 **Fill in the blanks.**

b. un gar..........
    un adolescen..........
    un cop..........
    un ami..........

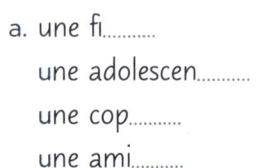

a. une fi..........
    une adolescen..........
    une cop..........
    une ami..........

Grammaire et Verbes

Unité 1

Indefinite articles

1 Fill in the blanks with *un*, *une* or *des.*

a. Je te présente .... copine, Lina.
b. Hafid, c'est .... prénom ?
c. Voici .... photos de mes copains.
d. Mes objets préférés ? .... livres.
e. C'est .... nom français.
f. C'est .... super casquette !

Definite articles

2 Sort the following words.

copine • prénom • filles • ordinateur • adolescents • trottinettes • casque audio • casquette

le
....
....

la
....
....

l'
....
....

les
....
....
....

3 Fill in the blanks with *le, la, l'* or *les.*

a. .... copines
b. .... objet
c. .... photo
d. .... noms
e. .... prénom
f. .... casquette

Definite and indefinite articles

4 Tick the right answer. (Several options.)

a. ☐ la   ☐ l'   ☐ un   copain
b. ☐ l'   ☐ un   ☐ une   adolescent
c. ☐ les   ☐ une ☐ le   fille
d. ☐ le   ☐ des ☐ l'   ordinateur
e. ☐ les   ☐ un   ☐ une   casque
f. ☐ un   ☐ une ☐ l'   adolescente

sept • 7

Grammaire et Verbes

Plural of nouns

5 Circle the words in the plural.

casquettes   skates   livre   ordinateur

fille   garçons

console   trottinettes   sacs à dos

personnes

smartphone   copain   casques

6 Put into the singular or the plural.

Ex. : *les classes* → *la classe*

a. l'adulte → ....
b. des baskets → ....
c. un objet → ....
d. les montres → ....
e. des casques → ....
f. les ordinateurs → ....

Qu'est-ce que c'est ? – C'est/Ce sont

7 Fill in the blanks with *c'est* or *ce sont*.

a. Qu'est-ce que .... ?

b. .... des vidéos !

c. Là, ... mes copains Alex et Ethan.

d. Et là, ... ma copine Léa.

Unité 1

Subject personal pronouns and the verb *s'appeler*

8 Fill in the blanks.

a. .... s'appellent Max et Gaspard.
b. Bonjour, comment .... t'appelles ?
c. Comment .... s'appelle, ton copain ?
d. Comment .... vous appelez ?
e. Moi, ... m'appelle Andrea.
f. .... nous appelons Tess et Hector.
g. .... s'appelle Chiara, ton amie ?
h. Comment .... s'appellent, tes amies ?

9 Fill in the blanks with *l* or *ll*.

Ex. : *Elles s'appe**ll**ent Léa et Maéva.*

a. Nous nous appe.........ons Martin.
b. Je m'appe.........e Thaïs.
c. Elle s'appe.........e Mathilda.
d. Comment vous vous appe.........ez ?
e. Tu t'appe.........es Léa ou Cléa ?
f. Ils s'appe.........ent Roméo et Juliette !

10 Conjugate the verb *s'appeler*.

a. Comment elles ...., tes copines ?

b. Tu .... Matt ou Matéo ?

c. Je .... Matt. Et mon copain, il .... Matéo.

d. Vous .... Dubon ou Debain ?

e. Nous .... Debain !

Auto-évaluation

☐ I know how to say hello and introduce myself

1 Fill in the blanks. .../5

a. Moi, c'est Amélie. Et je te .... ma copine, Pauline.
b. Ah… Et .... tu t'appelles ?
c. Bonjour ! .... va ?
d. .... bien, merci ! Ton ...., c'est Paolo, non ?

2 Place the letters (a, b, c, d) from activity 1 in the following dialogue. .../4

– ....
– Oui, merci. Et toi ?
– ....
– Non !
– ....
– Marco ! Et toi ?
– ....
– Salut, Pauline !

☐ I know how to name and count objects

3 a. 🎧 005 **Listen and write the corresponding number for each photo.** .../3

b. 🎧 005 **Listen again. Put the words from activity a into the plural or the singular.** .../3

1. → .... 4. → ....
2. → .... 5. → ....
3. → .... 6. → ....

4 Tick the right answer and fill in the blanks with *un*, *une* or *des*. .../5

a. ☐ C'est / ☐ Ce sont .... smartphone.
b. ☐ C'est / ☐ Ce sont .... lunettes.
c. ☐ C'est / ☐ Ce sont .... trottinette.
d. ☐ C'est / ☐ Ce sont .... sacs à dos.
e. ☐ C'est / ☐ Ce sont .... montre.

10 ■ dix

Stratégie — **Communicate in class** — Unité **1**

1 a. Match the pictures with the dialogues.

1 ....

2 ....

A
- **Pardon, monsieur !**
  Comment ça s'écrit ?
- Ça s'écrit « L- I- V- R- E » !

B
- Monsieur, comment on prononce ce mot ?
- On prononce « cahier » !
- **Merci !**

3 ....

4 ....

C
- **Madame, s'il vous plaît !**
  Je ne comprends pas !
  Vous pouvez répéter ?

D
- Comment on dit ce mot, en français ?
- Je ne sais pas !
- On dit « tableau » !

5 ....

6 ....

E
- **S'il te plaît, Lisa,** tu peux m'aider ?
- Oui, bien sûr !

F
- Qu'est-ce que ça veut dire « stylo » ?
- Ça veut dire « *boli* » !

b. 🎧 006 Listen to verify.

2 Read the expressions in colour in the dialogues from activity **1**. Sort them in the table below.

Pour remercier	
Pour s'excuser	
Pour demander poliment	

onze ■ 11

Lexique et Communication

Names of countries

1 Find ten country names and sort them in the table below.

ALLE TUR BEL PAYS- SIL MAGNE
BRÉ GNE GIQUE UNIS ÉTATS- PON MA
QUIE BAS GRÈ JA CE ESPA ROC

le	....
la	....
l'	....
les	....

Family

2  Listen to Léa and fill in the information about her family.

Léa

Luce = sa ....

Hélène et Annie = ses ....

Jacques = son ....

François = son ....

12 ◾ douze

Unité 2

3 Observe the family tree and fill in the blanks.

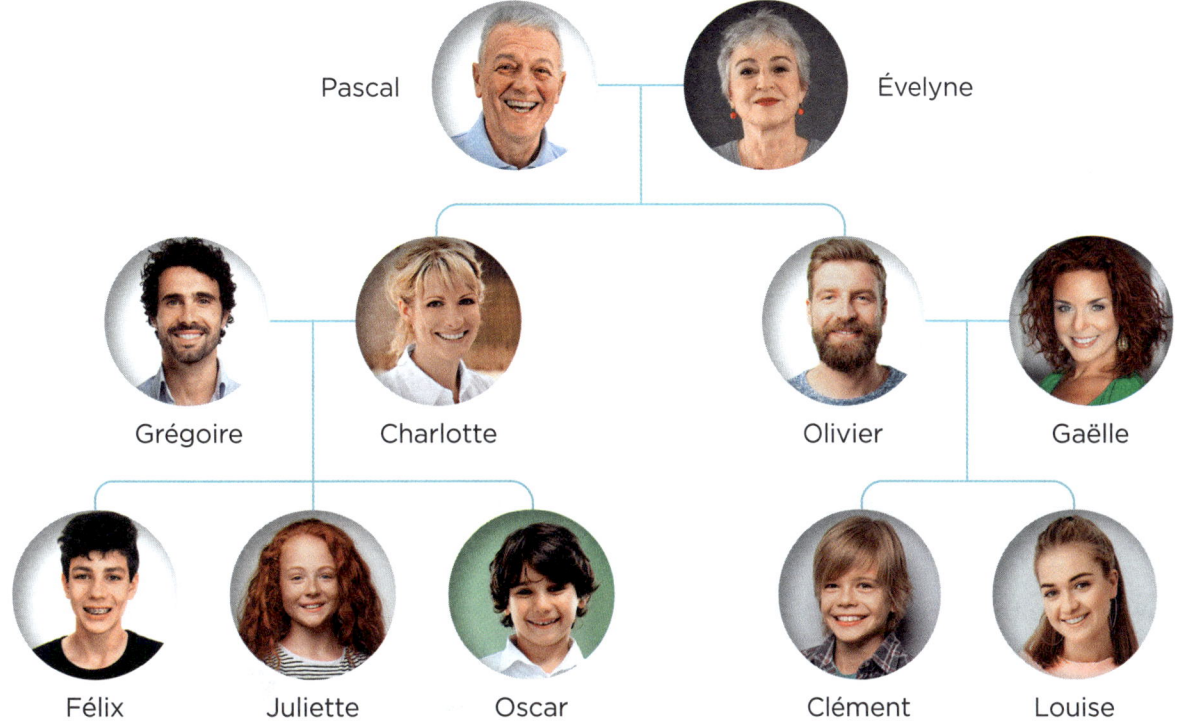

a. Charlotte, c'est la .... de Clément.
b. Juliette, c'est la .... de Grégoire.
c. Olivier, c'est le .... de Pascal et Évelyne.
d. Oscar et Félix, ce sont les .... de Louise et Clément.
e. Charlotte et Olivier sont .... et ....
f. Grégoire, c'est l'........................ de Louise et Clément.

Say your nationality

4 Complete the dialogue with the following words.

d'origine • nationalité • espagnole • français

— Salut Lucas ! Je te présente Nina.

— Bonjour Nina ! Tu es de quelle .... ?

— Je suis ....

— Et toi, tu es .... ?

— Oui, je suis français .... marocaine.

treize ■ 13

Lexique et Communication

Numbers 11 to 69

5 🎧 008 **Listen and circle the number you hear.**

a. ③ / ⑬ / ⑯   c. ⑨ / ⑲ / ⑳   e. ⑮ / ⑯ / ⑤
b. ⑥ / ⑯ / ⑰   d. ⑫ / ② / ⑳   f. ⑭ / ⑱ / ⑧

6 **Fill in the blanks with the missing numbers.**

a. onze, ……………………, treize, ……………………, quinze, …………………… .

b. dix, ……………………, trente, ……………………, …………………… .

c. trente et un, ……………………, ……………………, soixante et un.

d. vingt-deux, ……………………, quarante-quatre, …………………… .

Say your age

7 **How old are they? Fill in the blanks.**

Moi, j'ai 13 ans.

Léonie et Célestine ……………………
Alexandre ……………………
Anaïs ……………………
Julien ……………………
et Félicie ……………………

Introduce and describe someone

8 **Match the questions with the answers. (Several possible answers.)**

a. Qui est-ce ?   • • Ce sont Mathilde et Loïc.
b. Comment il est ?   • • C'est ma petite sœur.
c. Comment elles sont ?   • • Il est sympa !
d. C'est qui ?   • • Elle est belle !
e. Elle est comment ?   • • Elles sont géniales et drôles !

Grammaire et Verbes

Unité 2

The preposition *de* + article

1 **Circle the right answer.**

a. Les élèves **de la / du / de l'** classe ont des origines différentes.
b. Voici les drapeaux **des / du / de la** pays **du / des / de la** monde !
c. Tu es sur la photo **du / de la / des** copains de Paul ?
d. C'est la famille **des / de l' / de la** amie de Laura ?
e. C'est la nationalité **du / des / de la** famille de Maïa.

2 **Fill in the blanks with *du, de la, de l'* or *des*.**

a. C'est le drapeau .... Liban.

b. C'est le drapeau .... Espagne.

c. C'est le drapeau .... Chine.

d. C'est le drapeau .... États-Unis.

Possessive adjectives

3 **Fill in the blanks with the following words.**

mon • ta • ses • votre • vos • leurs

a. Toi et .... famille, vous êtes français ?
b. Lilian et Mathis, ... parents sont de quelle nationalité ?
c. Myriam et .... frères ont des cousins allemands.
d. Sur la photo, c'est Jules et Ariane avec .... parents ?
e. .... frère et moi, nous sommes grands.
f. Vous avez une photo de .... grand-père ?

Grammaire et Verbes

Adjectives of nationality

4 Write each person's nationality.

a. Théo est ....

b. Linda est ....

c. Yuko est ....

d. Les amis d'Olivia sont ....

Adjective agreement

5 Put into the masculine or the feminine.

a. Il est drôle.
   → Elle est ....

b. Vous êtes originaux.
   → Vous ....

c. Elles sont dynamiques.
   → Ils ....

d. Nous sommes petites.
   → Nous ....

e. Il est génial !
   → Elle .... !

f. Tu es belle !
   → Tu .... !

C'est and Ce sont – Il/Elle est and Ils/Elles sont

6 Fill in the blanks with *c'est, ce sont, il est, elle est, ils sont* or *elles sont*.

a. .... la sœur de Mathilde ? .... sympa !

b. Je te présente Arthur et Malo ; .... mes deux petits frères.

c. Voici mes parents, ... d'origine grecque.

d. .... sympas, Justine et Élodie ?

e. – Qui est-ce ?
   – .... mon grand-père. .... génial, non ?

f. – .... drôle, Aurélie, non ?
   – Oui ! .... une fille géniale !

The verb *être*

7 Fill in the blanks with the correct form of the verb *être*.

a. Tu .... de quelle nationalité ?

b. Maria .... d'origine espagnole.

c. Lucille et moi, nous .... amies.

d. Moi, je .... française.

e. Le Maroc et la Belgique .... les deux pays d'origine de mes parents.

f. Victor et toi, vous .... français ?

The verb *avoir*

8 a. Circle the forms of the verb *avoir*.

suis   as   avons   a   est

êtes   sommes   ont   ai   avez

b. Fill in the blanks with the forms from activity **a**.

a. Tom et moi .... 12 ans.

b. Justine .... des cousins espagnols.

c. J'............... quatre frères et sœurs.

d. Karim et toi .... des copains français ?

e. Lola et Martin .... quel âge ?

f. Et toi, tu .... une grande famille ?

Auto-évaluation

☐ **I know how to talk about my origins**

1 Fill in the blanks with a word of each colour. …/4

du · de la · des · de l' · Espagne · États-Unis · France · Brésil

a. C'est un symbole ……………………… .

b. C'est une copine ……………………… .

c. Ce sont les couleurs ……………………… .

d. C'est le drapeau ……………………… .

2 Convert following the example. …/6

Ex. : *La mère de ma mère / Espagne* → *Ma grand-mère est espagnole.*

a. Le père de mon père / France → ………………………………………

b. La mère de mon frère et moi / Maroc → ………………………………………

c. La famille de Raphaël et toi / Chine → ………………………………………

d. Les parents de notre mère / Brésil → ………………………………………

e. La mère de Roméo / Belgique → ………………………………………

f. Les grands-parents de Violette / Allemagne → ………………………………………

☐ **I know how to introduce and describe my family**

3 🎧 009 Listen and fill in the blanks with the following information. …/4

18 · cousin(e)(s) · 35 · enfant(s) · oncle(s) · 56 · tante(s) · 13

a. Ma ……………………… a ……………………… ans.

b. Mon ……………………… a ……………………… ans.

c. Mon ……………………… a ……………………… ans.

d. Les ……………………… de Mireille ont ……………………… ans.

4 Tick the right answer. …/6

a. ☐ C'est ☐ Il est ☐ Ce sont Mathis, ☐ c'est ☐ il est ☐ ils sont sympa !

b. ☐ Notre ☐ Nos ☐ Leurs oncle est ☐ originale ☐ originaux ☐ original !

c. ☐ Leur ☐ Vos ☐ Leurs cousin ☐ sont ☐ a ☐ ont 17 ans ?

d. Carla ☐ c'est ☐ est ☐ a ☐ beau ☐ beaux ☐ belle !

e. ☐ Votre ☐ Vos ☐ Leur grands-parents ☐ ont ☐ a ☐ sont quel âge ?

f. ☐ Elle est ☐ Ce sont ☐ C'est ☐ nos ☐ vos ☐ leur mère sur la photo ?

18 ◾ dix-huit

Stratégie — Learn how to learn

Unité 2

1 Here are three methods for memorising words.

Method 1

a. 🎧 010 Listen and repeat six words in your head.

b. 🎧 010 Write the words that you have memorised. Listen again to verify.

....

....

Method 2

a. Draw a picture in colour with the following six words.

ordinateur   lunettes   États-Unis   baskets   montre   casque

b. Hide the list and your drawing. Write the memorised words.

....

....

Method 3

a. Read the following six words and put them in whatever order you wish.

frère   français   stylo   grand   livre   famille

....

....

b. Hide your ranking. Re-write the memorised words.

....

2 Which method(s) do you prefer for memorising words?

☐ Méthode 1   ☐ Méthode 2   ☐ Méthode 3

dix-neuf ■ 19

Entraînement DELF 1

➤ Listening comprehension

1 🎧 011 Read the questions. Listen to the document twice, then answer. You are in France. You hear a conversation.

To answer the questions, tick ✔ the right box.

1. Louise est...
   - A ☐ allemande.
   - B ☐ française.
   - C ☐ belge.

2. Carolina est...
   - A ☐ allemande.
   - B ☐ française.
   - C ☐ belge.

3. Carolina a...
   - A ☐ 12 ans.
   - B ☐ 13 ans.
   - C ☐ 14 ans.

➤ Speaking

2 a. Answer the following questions orally.

1. Comment vous vous appelez ?
2. Votre nom, comment ça s'écrit ?
3. Quelle est votre nationalité ?
4. Vous avez des frères et sœurs ? Ils/Elles sont comment ?

b. Ask questions orally using the words written on the cards.

Ex. : | Nationalité | → Vous êtes de quelle nationalité ?

| Sac à dos | | Grand-mère |

| Famille | | Ordinateur |

20 ▪ vingt

➤ Reading comprehension

To answer the questions, tick ✔ the right box.

3 a. You read this message on a web forum. Answer the questions.

> www.ma-super-famille.fr
>
> ## Ma super famille !
> **Présente trois membres de ta famille et leur objet préféré !**
>
> Salut ! Moi, c'est Olivia, j'ai treize ans. Dans ma famille, il y a Arthur, c'est mon petit frère. Il a huit ans et il est drôle. Son objet préféré, c'est sa trottinette !
> Ma cousine Élena a trente-trois ans. Elle est belle et elle a des baskets rouges !
> Et il y a aussi Nicolas. Il a soixante-quatre ans. C'est mon grand-père. Il est dynamique et il a des lunettes originales !

1. Il s'agit d'un forum sur les personnalités.   ☐ Vrai ☐ Faux
2. Olivia est la sœur d'Arthur.   ☐ Vrai ☐ Faux
3. Olivia est la cousine d'Élena.   ☐ Vrai ☐ Faux
4. Olivia a 13 ans.   ☐ Vrai ☐ Faux
5. Le grand-père d'Olivia a 54 ans.   ☐ Vrai ☐ Faux

b. Reread the message. What is Arthur's favourite object?

A ☐   B ☐   C ☐

➤ Writing

4 You take part in a web forum. You introduce yourself, as well as two members of your family and their favourite object. (40 words minimum)

....
....
....
....

Nombre de mots : ......

Lexique et Communication

Days of the week

1 Write the seven days of the week.

Times of the day

2 Form the words for the times of the day and write them under the corresponding photo.

a | di | di | ma
mi | tin | près- | soir | mi

A L'..   B Le ....

C Le ....   D Le ....

Leisure activities

3 **a.** Circle the leisure activities and sort them into the right list.

j'acuisinerdomagierecirquelesmusiqueacliretijeuxdesociétévitésdessindetélévisionloijouersirs

Verbes
cuisiner
....
....
....

Le
....
....
....

La
magie
....
....
....

Les
....
....

b. Find the hidden sentence: *J'adore* ....

22 ◾ vingt-deux

Unité 3

Talk about your tastes

4 Look at the photos and make sentences following the example. (Several options.)

Roman

Roman *aime (bien) la poterie* ....

mais il ....

Jade

Jade ....

mais elle ....

Coralie

Coralie ....

mais elle ....

5 🎧 012 **Listen and match.**

a. Elle • • aime • • lire.
b. Il • • n'aime pas • • dessiner.
c. Elle • • adore • • cuisiner.
d. Il • • déteste • • jouer.

Pourquoi ?/Parce que

6 🎧 013 **Read the answers and listen to the questions. Write the number of the corresponding question.**

a. Parce que je déteste les jeux de ballon. → Question n°..........
b. Parce qu'elle est dans mon équipe de basket. → Question n°..........
c. Parce que j'adore la nature ! → Question n°..........
d. Parce que nous avons sport au collège. → Question n°..........
e. Parce que j'ai une compétition de ski ! → Question n°..........

vingt-trois ■ 23

Lexique et Communication

Sports

7 a. Look at the photos. Write the names of the sports in the crossword puzzle with the definite article *le*, *la* or *l'*.

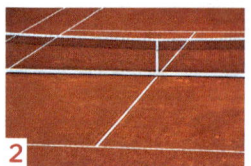

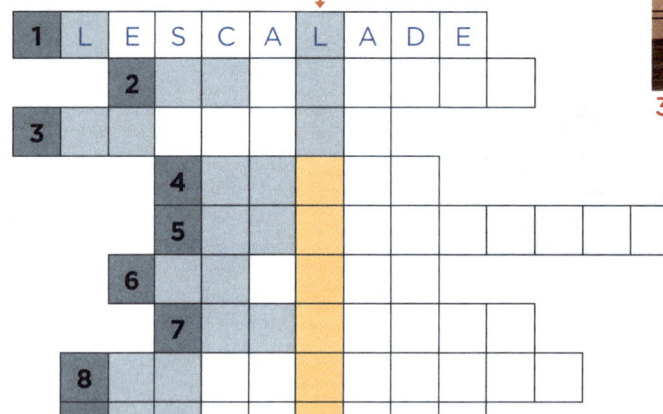

1. L E S C A L A D E

b. Find the hidden words: ....

Express frequency

8 Fill in the blanks with the following words.

- après-midi
- week-end
- les soirs
- mercredi
- jours

a. l'..
b. le .... matin
c. le ....
d. tous les ....
e. tous ....

Grammaire et Verbes

Unité 3

Negation *ne... pas*

1 Put the words in the right order to make two sentences.

sont • pas • pas • parents • Nous • ne • n' • Mes • magie. • la • festival. • au • aimons

a. ....

b. ....

2 Fill in the table.

Affirmative sentence
Ex. : *Nous aimons dessiner.*
a. ....
b. Ma sœur est à l'atelier cirque.
c. ....
d. J'aime le baby-foot.
e. ....

Negative sentence
Nous n'aimons pas dessiner.
Je n'ai pas le prospectus du festival.
....
Ce n'est pas le soir, l'atelier lecture.
....
Lina ne cuisine pas bien.

Questions with *quel*

3 Circle the right choice.

a. Vous pratiquez **quelle** / **quels** sports ?

b. **Quel** / **Quelle** est ta musique préférée ?

c. **Quel** / **Quels** jours tu as danse ?

d. À **quel** / **quels** moment de la journée a lieu le festival ?

e. **Quels** / **Quelles** personnes de ta famille pratiquent l'escalade ?

4 Fill in the blanks with *quel(s)* or *quelle(s)*. Match the questions with the answers.

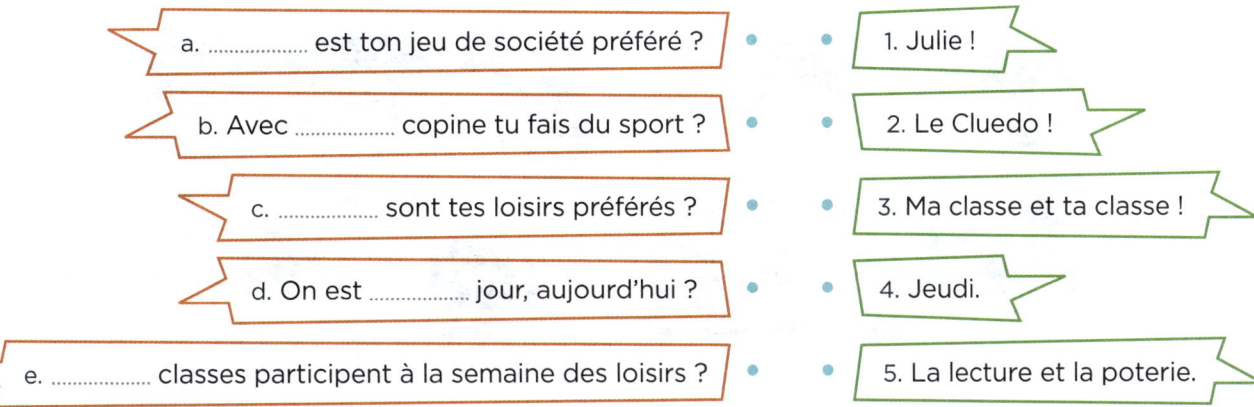

a. .... est ton jeu de société préféré ?
b. Avec .... copine tu fais du sport ?
c. .... sont tes loisirs préférés ?
d. On est .... jour, aujourd'hui ?
e. .... classes participent à la semaine des loisirs ?

1. Julie !
2. Le Cluedo !
3. Ma classe et ta classe !
4. Jeudi.
5. La lecture et la poterie.

Grammaire et Verbes

Faire de and jouer à + article

5 Circle the right answer. (Several options.)

a. J'aime **jouer** / **faire** de la danse.
b. Tu joues **au** / **du** foot ?
c. Nous faisons **à la** / **de la** natation.
d. Tu fais **de l'** / **à la** escalade.
e. Vous **faites du** / **jouez au** basket ?
f. Mes parents **jouent** / **font** à la pétanque.

Negation ne... pas de

6 Fill in the blanks with *le, la, l', les, du, de la, de l'* or *de*.

a. Bruno ne fait pas .... sport : il n'aime pas .... activité physique.
b. Lola fait .... natation mais elle n'aime pas .... danse.
c. Moi, je ne fais pas .... rugby : je déteste faire .... sport.
d. Nous ne faisons pas .... musculation : nous faisons .... jogging.
e. Vous faites .... escalade au collège ? Super ! J'adore .... escalade !
f. Nous aimons bien .... sports d'équipe mais nous n'aimons pas .... foot.

Est-ce que... ? / Qu'est-ce que... ?

7 Fill in the blanks with *est-ce que/qu'* or *qu'est-ce que/qu'*.

a. .... tu aimes lire ? Moi, j'adore !

b. .... tu préfères : le skate ou la trottinette ?

c. .... ils font tes amis le dimanche ?

d. .... tu joues au tennis le week-end ?

Unité 3

Verbs in -er

8 Circle the stem of the verbs.

Ex. : (par)er

a. dessiner
b. danser
c. aimer
d. cuisiner
e. jouer
f. détester
g. écouter
h. adorer
i. regarder

9 🎧 014 Listen and tick the box with the corresponding subject pronoun(s).

a. ☐ j'   ☐ il   ☐ nous
b. ☐ tu   ☐ vous   ☐ elles
c. ☐ je   ☐ vous   ☐ ils
d. ☐ tu   ☐ nous   ☐ vous
e. ☐ tu   ☐ il   ☐ elles
f. ☐ elle   ☐ nous   ☐ vous

10 Conjugate the verbs.

a. Nous .... (adorer) nos cousins.
b. Vous .... (écouter) quelle musique ?
c. Je .... (détester) cuisiner !
d. Tes copines .... (aimer) danser ?
e. Tu .... (dessiner) bien !
f. Ton père .... (jouer) au tennis ?

The verb *faire*

11 Match.

a. Tes copains
b. Moi, je
c. Mes parents et moi, nous
d. Qu'est-ce que vous
e. Tu ne
f. Mon frère

1. fais de l'escalade.
2. faisons de l'exercice tous les jours.
3. faites mercredi après-midi ?
4. fait de la danse.
5. font de la musculation ?
6. fais pas de sport le week-end ?

vingt-sept ■ 27

Auto-évaluation

☐ I know how to talk about my tastes and my activities

1 Conjugate the verbs in the present and fill in the blanks with the correct form of *quel*. .../5

a. Nous (*jouer*) .... à .... jeu ?
b. .... jours de la semaine tu (*cuisiner*) .... ?
c. Tes copains (*aimer*) .... consoles de jeux vidéo ?
d. .... activité physique vous (*détester*) .... ?
e. Ta sœur (*écouter*) .... musiques ?

2 Look at the schedule. Follow the example to finish the list. .../4

Ex. : *Le baby-foot : le lundi soir.*

a. ....
→ ....
b. ....
→ ....
c. ....
→ ....
d. ....
→ ....

☐ I know how to discuss my sporting activities

3 a. Look at the pictures and fill in the blanks with the names of the sports. .../2,5

1. Mes copains regardent le .... à la télé.
2. Vous faites du ....
3. Nous avons un entraînement de ....
4. J'aime les compétitions de ....
5. Tu fais de l'.................................. .

b. Convert the sentences from activity **a** into the negative form. .../2,5

1. ....
2. ....
3. ....
4. ....
5. ....

4 Complete the dialogues with the following expressions. .../6

à la • au • aux • du • Est-ce que • fais • joue • les • Parce que • Pourquoi • Qu'est-ce que • tous les

a. – .... tu aimes jouer .... jeux vidéo ?
 – Oui, j'adore ! Je joue .... après-midis !
b. – .... tu détestes cuisiner ?
 – .... je n'aime pas ça !
c. – .... tu fais, ... après-midis ?
 – Je .... sport : je .... pétanque et .... foot.

28 ◾ vingt-huit

Stratégie — Improve your listening comprehension

Unité 3

1 🎧 015 **Listen to the document and follow the steps.**

a. First listen. Identify the audio cues. Tick the box.
- Type de document : ☐ une interview   ☐ une annonce   ☐ une conversation
- Situation :

 1. ☐
 2. ☐
 3. ☐
 4. ☐

- Nombre de personnes : ☐ 2   ☐ 3   ☐ + de 4

- Type de personnes : ☐ 👨 ☐ 👩 ☐ 👧 ☐ 👦

- Émotions des personnes : ☐    ☐    ☐

b. 🎧 015 **Second listen.** Write down the key words that you understand.

....
....

2 Fill in the summary table.

Qui ?	
Où ?	
Quand ?	
Quoi ?	
Pourquoi ces émotions ?	*Victor n'aime pas*

vingt-neuf ■ 29

Lexique et Communication

Months of the year

1 Find nine months of the year. Put them in the right order and add the missing two.

déc | rier | jan | ma | ril | obre | sept | embre
av | vier | let | oct | embre
embre | fév | in | ju | juil | rs | nov

1. janvier
2. ....
3. ....
4. ....
5. ....
6. ....
7. ....
8. ....
9. ....
10. ....
11. ....
12. ....

Say the date

2 Fill in the blanks with the following words. Match with the corresponding questions.

au • avril • du • le • en • lundi • en

1. C'est .... 20 octobre .... 3 novembre. •
2. Aujourd'hui, on est le .... 10 .... •
3. C'est .... samedi 26. •
4. .... février et .... mars. •

• On est quel jour, aujourd'hui ?
• Les vacances, c'est quand ?
• La journée Portes ouvertes, c'est à quelle date ?

Places at school

3 🎧 016 Listen and write the place.

le gymnase • la salle de classe • la cour de récréation • la cantine

a. ....
b. ....
c. ....
d. ....

30 ▪ trente

Unité 4

Plan to meet

4 Put the text message discussion in the right order.

a. Oui. RDV où et à quelle heure ?
b. À 17 heures au gymnase ?
c. Salut ! Je vais à l'AS* ce soir. Tu viens ?
d. D'accord ! À tout à l'heure !

* Association sportive

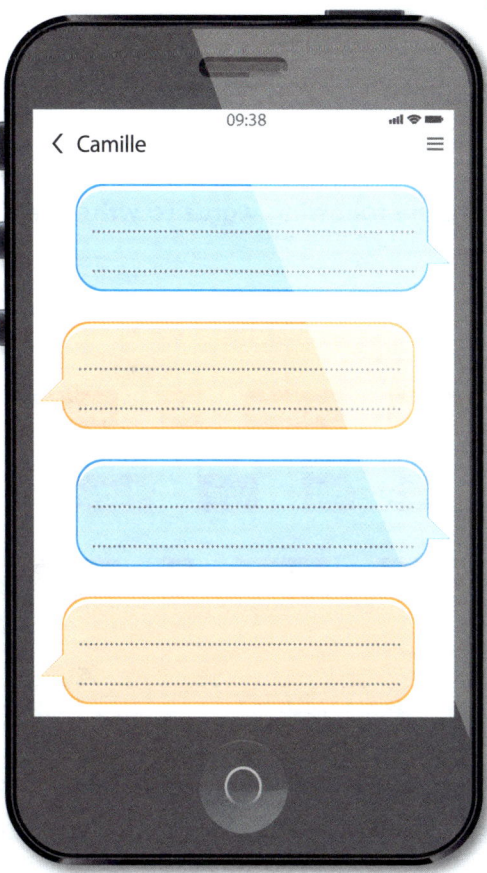

Situate in time

5 Fill in the blanks with *ce, cet* or *le, l'*.

a. .... matin, je n'ai pas cours de français : la prof est absente !
b. En général, ... après-midi, nous terminons les cours à 16 h 30.
c. .... mardi, c'est mon jour préféré parce que j'ai des cours supers !
d. Nous n'avons pas cours .... après-midi parce que nos correspondants arrivent à 13 heures !
e. Rendez-vous à 18 heures ! D'accord, à .... soir !

Subjects

6 Look at the pictures and write the name of the subjects.

 a. Les ....

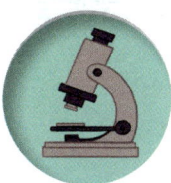 b. Les ....

 c. L' ....

 d. L' ....

trente et un ■ 31

Lexique et Communication

Say the time

7 Use the following words to write the time.

onze　heures　et　quart
le　est　une　demie
moins　minuit　il　heure

a. → Il est ....

b. → ....

c. → ....

8 Read the official time and write it the common way.

Ex. : *Il est quinze heures trente.* → *Il est trois heures et demie.*

a. Il est vingt et une heures. → ....
b. Il est sept heures quinze. → ....
c. Il est dix-huit heures trente. → ....
d. Il est onze heures quarante-cinq. → ....
e. Il est vingt heures vingt. → ....

Talk about your timetable

9 Fill in the blanks with the following words.

quelle heure　à　commences　termines　de　à　comme
heure　à　cours　heures　quelle heure

– Tu .... à .... ce matin ?
– .... 9 h 15.
– Ah bon ? Tu n'as pas cours .... 8 h 15 .... 9 h 15 ?
– Non, pas le jeudi.
– Et ce soir ? tu .... à .... ?
– .... 16 h 30.
– Et qu'est-ce que tu as .... cours aujourd'hui ?
– J'ai deux .... d'EPS, français, maths et une .... d'histoire-géo.
  Et j'ai .... de physique et de techno aussi.

32 ▪ trente-deux

Grammaire et Verbes

Unité 4

Où and quand

1 **Rewrite the questions using *est-ce que*.**

Ex. : *Nous avons sport où ? → Où est-ce que nous avons sport ?*

a. Tu t'inscris où ? → .... ?

b. On fait la visite du collège quand ? → .... ?

c. Il y a des ordinateurs où ? → .... ?

d. Tu parles à ton professeur quand ? → .... ?

2 **Read the answers. Write the questions with *où* or *quand*. (Several possible answers.)**

a. .... ?

La rentrée, c'est le 5 avril.

b. .... ?

Mes copains sont dans la classe.

c. .... ?

Notre classe est dans le bâtiment gris.

d. .... ?

Je fais une exposition au collège du 12 au 25 octobre.

Demonstrative adjectives

3 **Circle the right choice.**

a. Vous pratiquez **ces** / **cette** / **cet** sports au collège ?

b. **Ces** / **Cette** / **Ce** garçon est dans ta classe ?

c. **Ces** / **Cet** / **Ce** cours est super !

d. **Ce** / **Cette** / **Cet** fille est une bonne élève ?

e. Nous participons à **ces** / **cette** / **cet** atelier.

f. À **ces** / **cette** / **cet** endroit, qu'est-ce qu'il y a ?

Grammaire et Verbes

Il y a and Il n'y a pas de/d'

4 Look at the drawing. What is there and what isn't there? Use the following words.

un laboratoire de sciences • une salle informatique • un terrain de foot • un CDI • une cour de récréation • une cantine • des élèves • un gymnase • des salles de cours • une infirmerie

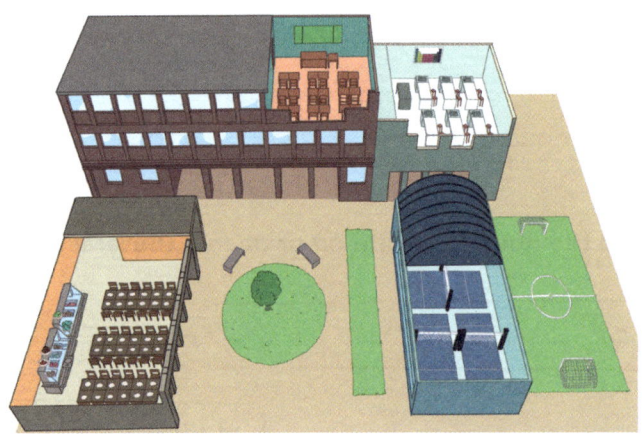

Dans ce collège, il y a ....

....

Dans ce collège, il n'y a pas ....

....

5 Fill in the blanks with *c'est/ce sont* or *il y a/il n'y a pas*.

a. Ce bâtiment, ... un collège ?

b. À l'atelier vidéo, ... un garçon très sympa. Il s'appelle Ruben.

c. .... de tableau numérique dans ma classe.

d. Ces deux filles, ... des élèves de ta classe ?

e. Ce garçon, ... un prof ou un élève ?

f. Dans la cour de récré, ... d'élèves de 6e.

The preposition à + article

6 Fill in the blanks with *au*, *à la*, *à l'* or *dans la*.

a. Léa et Akhésa sont .... cantine.   b. Léonore est .... laboratoire de sciences.

Unité 4

c. Bastien, Mathilde et Célestin sont .... cour.

d. Adrien est .... infirmerie.

The pronoun *on*

7 🎧 017 **Listen and rewrite the sentences using *on*.**

Ex. : *Nous faisons du sport au collège.* → *On fait du sport au collège.*

a. ....
b. ....
c. ....
d. ....
e. ....

The verb *aller*

8 🎧 018 **Listen to the verb forms. Tick the corresponding subject pronouns.**

a. ☐ je   ☐ il   ☐ tu
b. ☐ nous   ☐ vous   ☐ elles
c. ☐ elles   ☐ nous   ☐ ils
d. ☐ nous   ☐ vous   ☐ on
e. ☐ tu   ☐ on   ☐ il

The verb *venir*

9 Fill in the blanks with the verb *venir*.

a. Tu .... à l'atelier vidéo ?
b. Les copains, vous .... ce midi ?
c. Nous ne .... pas au CDI.
d. Vos amis .... à la journée Portes ouvertes ?
e. Mélanie ne .... pas ?
f. Oui, d'accord, je ....

trente-cinq ■ 35

Auto-évaluation

🔲 **I know how to present and describe my school**

1 🎧 019 **Listen to the questions. Tick the right answer.** .../5

a. ☐ Au CDI. ☐ Ce soir. ☐ Le mardi.
b. ☐ Le matin. ☐ Du 20 octobre au 4 novembre. ☐ Dans la cour de récréation.
c. ☐ Le 12 mai. ☐ L'atelier vidéo. ☐ À la cantine.
d. ☐ À l'association sportive. ☐ Au laboratoire. ☐ Ce midi.
e. ☐ Le 2 septembre. ☐ Au collège. ☐ Du 3 au 25 octobre.

2 Write affirmative (+) or negative (–) questions, following the example.
Use *il y a* or *il n'y a pas de/d'* and *ce*, *cet*, *cette* or *ces*. .../5

Ex. : professeur / gymnase (–) → *Il n'y a pas de professeur dans ce gymnase.*

a. ordinateurs / salles (+) → ....
b. casiers / collège (–) → ....
c. livres / sac (+) → ....
d. élèves / atelier (–) → ....
e. tableau numérique / classe (+) → ....

🔲 **I know how to talk about schedules and subjects**

3 Look at the pictures and fill in the subjects. Use the common way to tell time. .../6

Ex. : 15:45 → *On a maths à quatre heures moins le quart.*

a. 09:15 → Nous avons ....
b. 13:30 → Vous avez ....
c. 11:05 → 12:00 → J'ai ....

4 Fill in the blanks and match to create dialogues. .../4

a. .... se donne rendez-vous où ? • • 1. À 13 heures.
b. Tu vas .... journée Portes ouvertes samedi ? • • 2. À la cantine.
c. On va .... CDI à quelle heure ? • • 3. OK ! À ce soir !
d. Rendez-vous .... la cour à 18 heures ? • • 4. Non ! Ce week-end, je vais à un festival.

36 ▪ trente-six

Stratégie — Improve your speaking skills

Unité 4

Practise pronouncing like a French speaker.

1 a. 🎧 020 **Listen and repeat the syllables.**

va	ve	vi	vo	vu
cha	che	chi	cho	chu
ja	je	ji	jo	ju

ga	gue	gui	go	gü
ra	re	ri	ro	ru
za	ze	zi	zo	zu

b. What syllables are difficult for you to pronounce? Write them and repeat them aloud.

....

....

2 a. 🎧 021 **Listen and read the text aloud. Don't pronounce the letters in grey!**

> Il est dix heures et quart. Mes amis et moi, on est en cours d'histoire-géo. J'adore cette matière !

b. 🎧 021 Listen again and reread the text aloud. Pay attention to the **linkings** and **liaisons**, and accentuate the <u>final syllables</u>.

> Il est dix heures et quart. Mes amis et moi, on est en cours d'histoire-géo. J'adore cette matière !

c. What words or groups of words in the text are difficult for you to pronounce? Write them and repeat them aloud.

....

3 Choose one or more techniques to practise speaking French at home.

☐ Je lis des textes de mon livre à haute voix.

☐ J'écoute des phrases en français et je les répète.

☐ Je parle français devant un miroir.

☐ Je chante des chansons en français.

☐ Je m'enregistre sur mon téléphone.

trente-sept ■ 37

Entraînement DELF 2

➤ Listening comprehension

1 🎧 022 Read the questions. Listen to the document twice then answer. You are in France. You listen to students talking about their timetable.

To answer the questions, tick ✓ the right answers.

	Il/Elle a...	Le cours...
a. Coralie	A ☐ français. B ☐ éducation musicale. C ☐ arts plastiques. D ☐ technologie.	A ☐ commence à 10 heures. B ☐ termine à 10 heures. C ☐ commence à 11 heures.
b. Julia	A ☐ sciences physiques. B ☐ éducation physique et sportive. C ☐ mathématiques. D ☐ anglais.	A ☐ termine à 18 heures le lundi. B ☐ commence à 10 heures le mardi. C ☐ est de 8 heures à 10 heures le lundi.
c. Karim	A ☐ enseignement moral et civique. B ☐ sciences de la vie et de la Terre. C ☐ histoire-géographie. D ☐ mathématiques.	A ☐ commence à 16 heures. B ☐ est le mercredi. C ☐ est de 14 heures à 16 heures.

➤ Speaking

2 a. Answer the following questions orally.

1. Quel sport est-ce que vous faites ?
2. Qu'est-ce que vous faites le samedi ?
3. Quel cours vous avez le mercredi ?
4. Quelle matière scolaire vous préférez ?

b. Ask questions orally using the words written on the cards.

Ex. : Danser → Est-ce que vous aimez danser ?

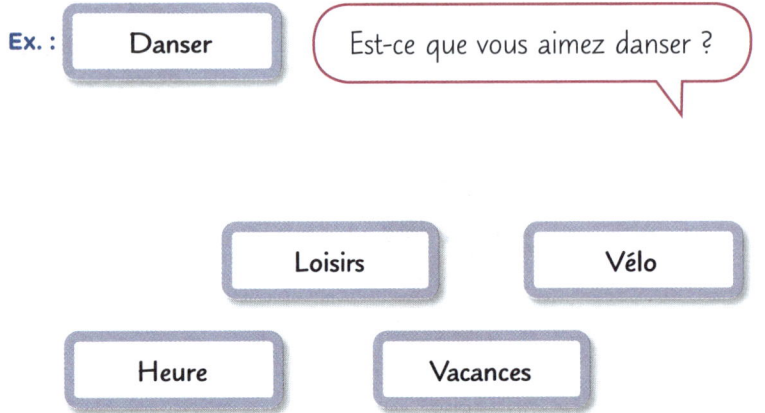

▶ Reading comprehension

To answer the questions, tick ✔ the right answer.

3 You read the Sports and Leisure club programme. Answer the questions.

Escalade	▶ Le lundi de 17 h 30 à 19 heures. ▶ Sortie escalade dans la nature le mercredi après-midi.
Tennis	▶ Entraînement enfants (5-10 ans) le samedi de 10 heures à 13 heures. ▶ Entraînement ados (11-15 ans) le samedi de 14 heures à 17 heures. ▶ Compétitions en janvier et en juin.
Atelier poterie	▶ Le mardi (groupe débutant) et le jeudi (groupe avancé) de 17 heures à 18 heures. *Inscriptions tous les lundis sur le site du club Sports et loisirs de Choisy.*
Atelier cuisine	▶ Le mercredi de 12 h 30 à 14 heures à la cantine du collège Jean-Rostand.

1. À quelle heure commence l'entraînement de tennis pour les collégiens ?
   A ☐ À 10 h 00.   B ☐ À 14 h 00.   C ☐ À 17 h 00.

2. On peut faire quel sport le samedi ?

   A ☐   B ☐   C ☐

3. Où est l'atelier cuisine ?
   A ☐ À la cantine du collège.   B ☐ Dans le gymnase du collège.   C ☐ Dans la nature.

4. Quelle est la fréquence des sorties du cours d'escalade ?
   A ☐ Tous les week-ends.   B ☐ Tous les jours.   C ☐ Tous les mercredis.

▶ Writing

4 You are interested in the Choisy Sports and Leisure club activities. Fill in the form.

Formulaire du club Sports et loisirs de Choisy

Nom : .... Prénom : ....

Âge : .... Nationalité : .... Téléphone : ....

Sport préféré : .... Loisir préféré : ....

Quelle(s) activité(s) du club Sports et loisirs t'intéresse(nt) ? ....

....

trente-neuf ■ 39

Lexique et Communication

Professions

1 Match and find seven names of professions.

a. un méde • • cat
b. une profess • • ière
c. un avo • • eure
d. un ac • • euse
e. une polic • • cin
f. une chant • • ier
g. un pomp • • teur

Describe character traits

2 Finish the sentences using the following words.

actif • créatives • curieuse • douce • sensibles • timide

A

Elles sont ……………………………

B

Il est ……………………………

C

Elle est ……………………………

D

Elles sont ……………………………

E

Elle est ……………………………

F

Elle est ……………………………

40 • quarante

Unité 5

3. Read the definitions and fill in the crossword puzzle.

1. Elle aide ses amis, sa famille. → Elle est...
2. Elle n'est pas stressée. → Elle est...
3. Il aime donner aux autres. → Il est...
4. Il a du courage. → Il est...
5. Elle n'aime pas parler. → Elle est...
6. Il comprend tout. → Il est...
7. Il aime créer des choses. → Il est...
8. Il aime comprendre et apprendre. → Il est...

Animals

4. Observe. What animal is it? Fill in the blanks.

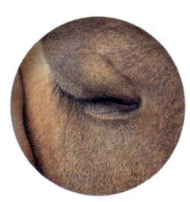 a. un ....

 b. un ....

 c. un ....

 d. un ....

 e. un ....

 f. un ....

Lexique et Communication

5 Write the letters in the table to reveal the hidden words.

a. UNE POU♣E
b. UNE CHI●NN❖
c. UN ❖INGE
d. UNE CH◆TT●
e. UN PO✖SSO▲
f. UNE L◆P✖NE
g. UN HA▲ST◆R
h. UNE TORT■E
i. DES CH●VAU✪

♣	●	❖

◆	▲	✖	♠	◆	■	✪

Describe physical traits

6 Match.

courts   bleus   gros   châtains   frisés   blonds   grand   bruns

Les yeux · Les cheveux · Autres caractéristiques

longs   marron   petit   mince   raides   roux   verts

7 Fill in the blanks with the following words.

blonds · bruns · frisés · barbe · grande · courts · longs · marron

Louane Emera

a. Louane est une chanteuse française. Elle a les cheveux .... et .... Elle n'est pas très .... (1,67 m).

Kylian Mbappé

b. Kylian Mbappé est un footballeur. Il a les yeux .... et les cheveux .... , très .... et .... Il n'a pas de ....

Grammaire et Verbes

Unité 5

Gender of professions

1 🎧 023 **Listen and tick the right box. (Several possible answers.)**

Masculin | **Féminin**

Ex. : ☑ un journaliste | ☑ une journaliste

a. ☐ un acteur | ☐ une actrice
b. ☐ un policier | ☐ une policière
c. ☐ un pompier | ☐ une pompière
d. ☐ un professeur | ☐ une professeure
e. ☐ un médecin | ☐ une médecin
f. ☐ un chanteur | ☐ une chanteuse

2 Fill in the blanks if necessary.

a. Je demande à la professeur............ !
b. C'est un act............ célèbre.
c. Tu aimes cette chanteu............ ?
d. Mon père est pompi............ .
e. Ta mère, elle est médecin............ ?
f. C'est qui, cette journal............ ?

Emphatic pronouns

3 Rewrite the sentences using an emphatic pronoun.

Ex. : *Ce sont des places pour <u>Luc et Zélie</u>.* → *Ce sont des places pour eux.*

a. Je vais au Comic Con avec <u>mes copines du collège</u>.
→ ....

b. Ça, c'est pour <u>Julie et toi</u> !
→ ....

c. <u>Ma sœur</u>, elle n'aime pas Spiderman !
→ ....

d. Je ne parle pas de <u>Superman</u> mais de Batman !
→ ....

e. <u>Monsieur Durand</u>, vous sauvez aussi des vies ?
→ ....

f. <u>Zoé et moi</u>, on est fans de Wonder Woman !
→ ....

Grammaire et Verbes

Adjective agreement

4 Finish the sentences and make the adjectives agree.

rou… • créat… • calm… • courag… • curieu… • gro…

a. Il est

b. Elle est

c. Elle est

d. Il est

e. Elle est

f. Il est

5 Write the qualities of your best friends.

Mon meilleur ami, c'est ....
Il est ....
Ma meilleure amie, c'est ....
Elle est ....

The indefinite pronouns *quelqu'un (de/d')* and *quelque chose (de/d')*

6 Circle the right choice.

a. Toi, tu es **quelqu'un d'** / **quelqu'un** actif ou de calme ?

b. Et dans votre profession, vous sauvez **quelqu'un de** / **quelqu'un** tous les jours ?

c. J'adore quand tu fais **quelqu'un de** / **quelque chose de** drôle !

d. **Quelque chose** / **Quelqu'un** vient avec moi voir un film de super-héros ?

e. Tu parles avec **quelqu'un de** / **quelqu'un** ou tu parles tout seul ?

f. Ta sœur, c'est **quelqu'un de** / **quelqu'un** très intéressant : elle a toujours **quelque chose d'** / **quelque chose de** génial à raconter !

très and beaucoup (de/d')

7 Fill in the blanks with *très*, *beaucoup*, *beaucoup de* or *beaucoup d'*.

a. .... personnes ont des animaux !

b. Ils sont .... petits, ces lapins !

c. Il y a .... animaux différents dans ce zoo.

d. J'aime .... les tortues ! Pas toi ?

e. Ces chats sont .... gros, non ?

f. Les chevaux ont aussi .... qualités.

Agreement of colour adjectives

8 Write the masculine or the feminine.

masculin	féminin
violet	....
....	bleues
marron	....
châtains	....
....	grises
jaune	....
roux	....
noir	....
....	orange
vert	....

The verb *pouvoir*

9 Circle the verb forms of the verb *pouvoir*. Which form is missing?

W	A	P	E	U	X	O
I	T	O	P	U	R	V
P	O	U	V	O	N	S
E	P	V	U	N	I	A
U	R	E	M	A	N	U
T	I	Z	A	F	O	L

Missing verb form: ....

Auto-évaluation

☐ I know how to describe a person's character traits and profession

1 Tick the right choice and make the adjectives agree, if necessary. …/6

a. Les élèves aiment ☐ **beaucoup** ☐ **très** cette professeure parce qu'elle est ☐ **beaucoup** ☐ **très** (*gentil*) ……………………………… .

b. Cette chanteuse est ☐ **beaucoup** ☐ **très** (*créatif*) ……………………………… ; elle écrit ☐ **beaucoup** ☐ **beaucoup de** chansons !

c. Tes parents donnent ☐ **beaucoup de** ☐ **beaucoup** aux autres ; ils sont ☐ **beaucoup** ☐ **très** (*généreux*) ……………………………… !

d. Cette actrice est ☐ **beaucoup** ☐ **très** (*sympa*) ……………………………… ; elle a ☐ **beaucoup d'** ☐ **très** amis.

2 Conjugate the verb *pouvoir* in the present tense and find the profession. …/3

a. Elle ……………………… sauver des vies ; elle est ……………………… .

b. Elles ……………………… aider les personnes dans la rue ; elles sont ……………………… .

c. Nous ……………………… interviewer des personnes importantes ; nous sommes ……………………… .

☐ I know how to describe physical traits and name animals

3 🎧 024 Look at the pictures. Listen and write the number of the description. …/6

Alice N°…… Titeuf N°…… Esther N°…… Harry Potter N°…… Spirou N°…… Gandalf N°……

4 Look at the pictures and fill in the blanks with the names of the animals and their colour(s). …/5

A   B   C   D

jaune • marron • noir • orange • rose • violet

A. Voici le ……………………… d'Alice au pays des merveilles. Il est ……………………… et ……………………… .

B. C'est Cléo, le ……………………… de Pinocchio. Il est ……………………… et ……………………… .

C. Rantanplan, c'est le ……………………… des frères Dalton. Il est ……………………… .

D. Tornado, c'est le ……………………… ……………………… de Zorro.

Stratégie — Learn how to memorise vocabulary and conjugations

Unité 5

1 Read the following memorisation techniques.
  a. Tick the techniques that you know.
  b. Circle the techniques that you use.

☐ Je fabrique des flashcards.

☐ Je fais des cartes mentales.

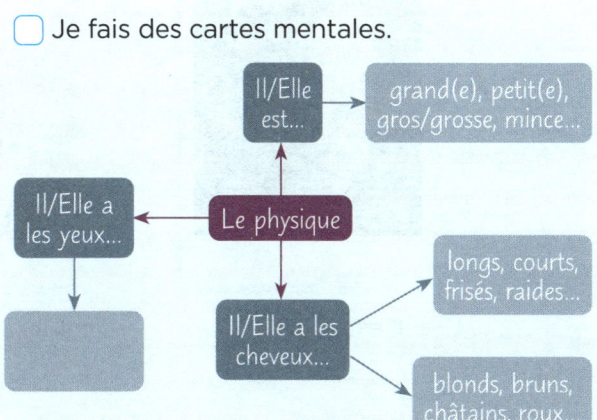

☐ J'utilise des codes couleurs.

Je p**eu**x
Tu p**eu**x
Il/Elle/On p**eu**t
Nous p**ou**vons
Vous p**ou**vez
Ils/Elles p**eu**vent

☐ Je classe les mots dans des tableaux.

Cheveux	Yeux
blonds	bleus
bruns	noirs
châtains	marron
roux	verts

☐ Je me déplace, je mime...

je regarde, tu regardes, il...

☐ Je crée des images mentales.

généreux

☐ J'explique le cours à une autre personne.

Les terminaisons des verbes en -er sont : -e, -es, -e, -ons, -ez et -ent !

  c. Which techniques are you going to use? Underline them.

2 Do you know any other techniques? Share them with the class.

Lexique et Communication

Express moods

1 Look at the photos and fill in the blanks with a mood.

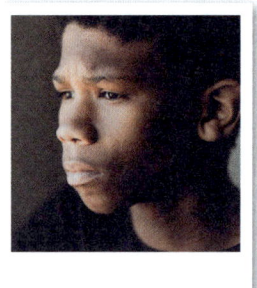  

a. Il est i_ _ _ _ _ _.

b. Elle est c_ _ _ _ _ _ _.

c. Il est m_ _ _ _ _ _ _ _ _.

d. Elle est e_ _ _ _ _ _.

e. Elle est t_ _ _ _ _.

f. Il est s_ _ _ _ _ _.

Numbers 70 to 100

2 Write the results of the operations in words.

60 + 18 = ...

4 × 20 = ...

80 + 13 = ...

30 + 70 = ...

45 × 2 = ...

62 + 10 = ...

3 Complete the sequences.

a. soixante-douze, ..., ..., soixante-quinze

b. soixante-six, ..., quatre-vingt-huit, ...

c. soixante-dix, ..., quatre-vingt-dix, ...

d. ...., quatre-vingt-un, ..., cent un

Unité 6

Give a telephone number, an email address

4 🎧 025 **Listen and correct the errors if necessary.**

a. cjulienat@gmail.com ....

b. arthur_veillet@yahoo.fr ....

c. lacotegermain@hotmail.com ....

d. LUCILLEMORY@lp-orsel.org ....

e. ruben.gil78@ladapt.net ....

f. capucine-lulu@free.fr ....

5 🎧 026 **Listen and match the telephone numbers with the first names.**

a. Naomi • • 07 85 63 92 22

b. Lucas • • 06 47 79 56 85

c. Loïs • • 07 95 73 82 32

d. Emma • • 06 71 99 18 88

Social media

6 Circle the one that doesn't belong.

a. un message • un pseudo • un commentaire • une publication

b. chatter • publier • poster • commenter

c. échanger • partager • se connecter • envoyer

7 Fill in the blanks with the following words.

commentaires • pseudo • publie • émoji • appli • compte

a. Mon .... préféré, c'est 😂.

b. Son .... sur 👻, c'est lili21.

c. Tu as l' .... sur ton smartphone ?

d. Je n'ai pas de .... parce que je n'ai pas 13 ans.

e. Elle .... des vidéos sur sa chaîne ▶ YouTube ?

f. Moi, je ne laisse pas de .... sur f !

Lexique et Communication

Express frequency

8 Match. Careful, one doesn't belong!

a. Je regarde des vidéos sur YouTube tous les jours entre 16 h 30 et 17 heures.

b. Je joue aux jeux vidéo le mercredi après-midi, le samedi et le dimanche.

c. J'utilise les réseaux sociaux tous les week-ends.

d. On envoie combien d'émojis par minute ?

1. chaque minute
2. une fois par jour
3. trois fois par semaine
4. deux jours par semaine
5. une fois par minute

9 Circle the right choice.

a. Je ne me connecte **toujours** / **jamais** / **souvent** le soir.
b. Elle utilise **toujours** / **parfois** / **jamais** des émojis, mais pas toujours.
c. Iliano envoie **souvent** / **jamais** / **parfois** des vidéos à ses copains : trois fois par jour !
d. Joanne n'a **toujours** / **jamais** / **souvent** son téléphone avec elle au collège.
   Il reste **parfois** / **souvent** / **toujours** à la maison.
e. Je n'utilise pas **jamais** / **souvent** / **parfois** cette appli, je ne l'aime pas beaucoup...
f. J'aime bien cette Youtubeuse, mais je ne regarde pas **parfois** / **jamais** / **toujours** ses nouvelles vidéos.

Friendship

10 Fill in the blanks with the following words.

ensemble | partage | discute | virtuels | meilleur | fidèles | meilleure | rigole

a. Ma .... copine s'appelle Lucille.
b. Je .... beaucoup avec mes amis : on parle de tout !
c. Mes copains et moi, on est très .... !
d. Noé, c'est son .... ami.
e. Les amis sur les réseaux sociaux, ce sont des amis ....
f. Mes potes du collège et moi, on .... de supers moments !
g. Ma copine Clémentine est très drôle, je .... beaucoup avec elle !
h. J'ai trois très bons copains, on est toujours ....

Grammaire et Verbes

Unité 6

The indefinite adjective *tout*

1 Circle the right choice.

a. Il existe un site web avec la liste de **toute** / **toutes** les Journées mondiales ?
b. **Tout** / **Tous** les émojis ne sont pas faciles à comprendre.
c. Tu envoies **tout** / **tous** ce texte dans un seul message ?
d. Elle est **tout** / **toute** la journée sur les réseaux sociaux !
e. **Tous** / **Toutes** mes copines ont un smartphone.
f. **Tous** / **Toutes** les ados français utilisent des émojis.

2 Match to make sentences.

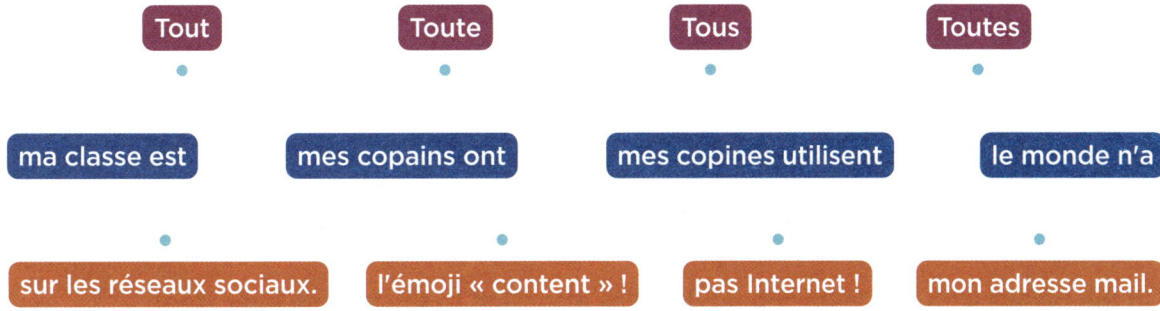

Combien and *Combien de/d'*

3 Circle the right choice.

a. On envoie **combien** / **combien de** mails par jour, dans le monde ?
b. Il existe **combien de** / **combien d'** émojis différents ?
c. **Combien** / **Combien de** vous êtes dans ce groupe WhatsApp ?
d. Vous avez **combien de** / **combien** smartphones dans ta famille ?
e. Tu as des amis sur les réseaux sociaux ? **Combien** / **Combien de** ?
f. Tu as **combien d'** / **combien** amis sur Instagram ?

4 Write questions with *Combien (de)* to match the answers.

a. .... ?
Dans ma famille, nous avons un ordinateur.
b. .... ?
Ils sont sept dans ce groupe.
c. .... ?
Ma sœur a deux adresses mail.
d. .... ?
Je passe une heure par jour sur Internet.

cinquante et un ■ 51

Grammaire et Verbes

The imperative

5 Rewrite the sentences in the imperative.

Ex. : *Tu regardes cette vidéo.* → *Regarde cette vidéo !*

a. Vous ne chattez pas le soir.
→ .... !

b. Nous ne donnons pas notre vrai nom.
→ .... !

c. Tu demandes à Louis l'adresse mail de Zoé.
→ .... !

d. Nous inventons un nouveau pseudo.
→ .... !

e. Tu changes de mot de passe.
→ .... !

f. Vous ne publiez pas ces informations.
→ .... !

6 Fill in the blanks with the following advice. Pay attention to the person indicated!

- ne pas utiliser de smartphone
- faire attention dans la rue
- ne pas créer de compte Facebook
- changer souvent de mot de passe

.... sur Internet ! (*vous*)

A

.... la nuit ! (*tu*)

B

.... avec un smartphone ! (*tu*)

C

.... avant 13 ans ! (*nous*)

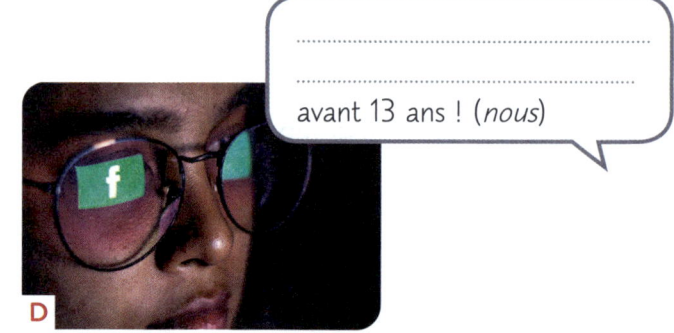
D

Unité 6

Adjective placement

7 Put the words in the right order.

a. as / joli / pseudo / Tu / un

b. C' / copine / est / importante / moi / pour / une

c. seul / un / pas / n' / Moi, / je / envoie / émoji

d. bons / conseils / de / donnes / Tu

e. française / nouvelle / est / ma / C' / amie

8 Put the adjectives in the right place.

a. **belle** — C'est une .... photo .... !
b. **mauvais** — Elle donne de .... conseils .... !
c. **préférée** — Quelle est ta .... messagerie .... ?
d. **nouveau** — C'est ton .... smartphone .... ?
e. **mêmes** — Ce ne sont pas les .... vidéos .... !
f. **favoris / dix** — Ce sont mes .... émojis .... !

The verb *envoyer*

9 Fill in the blanks with *i* or *y* and match.

a. J'
b. Joanne et moi, nous
c. Tu
d. Toutes mes copines
e. On
f. Zoé et toi, vous

1. envo........es cette photo à qui ?
2. envo........ez votre vidéo à la classe ?
3. n'envo........ons pas beaucoup de messages.
4. envo........e mon mail dans une minute.
5. envo........ent beaucoup d'émojis !
6. envo........e nos mails à nos correspondants ?

Verbs in *-ger*

10 Conjugate the verbs in the present tense.

a. Vous .... *(échanger)* vos mails ?
b. On .... *(partager)* ces photos avec le groupe ?
c. Nous .... *(télécharger)* une nouvelle appli.
d. Tous tes copains .... *(partager)* leurs photos ?
e. Tu .... *(télécharger)* cette vidéo ?

cinquante-trois ■ 53

Auto-évaluation

☐ I know how to express my moods and discuss on social media

1 a. Fill in the blanks with *tout*, *toute*, *tous* or *toutes*. .../2

1. Je suis en colère ! .... la classe a un compte Instagram, mais pas moi...
2. Je suis surprise, tu envoies cette photo à .... le monde ?
3. Je suis désolée mais je ne me connecte pas .... les soirs.
4. Je suis mort de rire : .... tes photos sont très drôles !

b. Match the messages from activity a with the photos. .../2

A → message .... B → message .... C → message .... D → message ....

2 🎧 027 Listen and fill in the telephone numbers and email addresses. .../6

a. **Valentin**
Mobile ▶ 06 45 .... 32 ....
E-mail ▶ ....@gmail.com

b. **Victoire**
Mobile ▶ 07 .... 19 52
E-mail ▶ ....@yahoo.fr

c. **Violette Julien**
Mobile ▶ 06 56 61
E-mail ▶ ....@free.fr

☐ I know how to give advice and talk about friendship on social media

3 Use the imperative to give the following advice. Pay attention to adjective placement! .../5

Ex.: *écrire des messages à ta grand-mère (tu / sympas)* → *Écris des messages sympas à ta grand-mère !*

a. ne pas publier d'informations (vous / personnelles) → ....
b. envoyer cette photo à tes amis (tu / meilleurs) → ....
c. partager des vidéos (vous / intéressantes) → ....
d. ne pas utiliser toujours ton nom (tu / vrai) → ....
e. échanger des conseils (nous / bons) → ....

4 Tick the right choices. .../5

a. Elsa ☐ discute ☐ passe ☐ envoie ☐ tous les ☐ chaque ☐ une fois par jours avec ses potes sur les réseaux sociaux.
b. Je n'utilise ☐ toujours ☐ souvent ☐ jamais de ☐ Youtubeur ☐ pseudo ☐ message quand je chatte avec mes amis.
c. ☐ Toutes les ☐ Tous les ☐ Chaque semaine, nous ☐ rigolons ☐ envoyons ☐ passons de bons moments.
d. Tu te ☐ connectes ☐ postes ☐ publies souvent sur ton ☐ réseau ☐ compte ☐ pseudo Snapchat ?
e. Je ne consulte pas ☐ parfois ☐ jamais ☐ souvent cette ☐ appli ☐ émoji ☐ chat.

Stratégie — Learn how to cooperate

Unité 6

1 **Get to know yourself. What are you like?**
Tick the boxes and fill in the blanks.

- ☐ J'aime travailler seul(e).
- ☐ Je suis une personne active, j'aime bien participer.
- ☐ Je sais écouter.
- ☐ Je suis organisé(e).
- ☐ J'accepte les idées des autres.
- ☐ J'aime apprendre des choses de mes camarades.
- ☐ Je suis créatif/créative.
- ☐ J'ai de bonnes relations avec mes camarades.
- ☐ Je ....
- ☐ Je ....

2 **What does cooperate mean to you? Tick the boxes.**

Quand on coopère,…
- ☐ … il y a de meilleures relations dans le groupe.
- ☐ … ça fait perdre beaucoup de temps.
- ☐ … on apprend à respecter les idées des autres.
- ☐ … tout le monde aide tout le monde.
- ☐ … on apprend des choses de nos camarades et ils/elles apprennent des choses de nous.

3 **In your opinion, what are the rules of cooperation? Tick the sentences.**

- ☐ Dire quand on n'est pas d'accord.
- ☐ Écouter ses camarades quand ils/elles parlent.
- ☐ Féliciter ses camarades *(Bravo ! Très bien !)*.
- ☐ Être le/la leader, le/la meilleur(e).
- ☐ Donner de nouvelles idées.
- ☐ Rigoler quand un(e) camarade donne son opinion.
- ☐ Ne pas participer.

cinquante-cinq ■ 55

Entraînement DELF 3

➤ Listening comprehension

1 🎧 028 Read the questions. Listen to the document twice, then answer. You are in France. You listen to a radio show. Students are talking about their favourite celebrity.

To answer the questions, tick ✓ the right answers.

1. La personnalité préférée de Nathan est…

A ☐ Kylian Mbappé   B ☐ Franck Gastambide

2. La personnalité préférée d'Oriane est…

A ☐ Omar Sy   B ☐ Kev Adams

3. La personnalité préférée d'Enzo est…

A ☐ Patricia Kaas   B ☐ Clara Luciani

➤ Speaking

2 a. Answer the following questions orally.
1. Vous aimez les animaux ? Vous avez des animaux à la maison ?
2. Comment est votre meilleur(e) ami(e) ?
3. Quelle est la profession de votre mère / votre père ?
4. Qu'est-ce que vous aimez faire avec vos ami(e)s ?

b. Ask questions orally using the words written on the cards.

Ex. : ⬚ Chat   💬 Est-ce que vous avez un chat ?

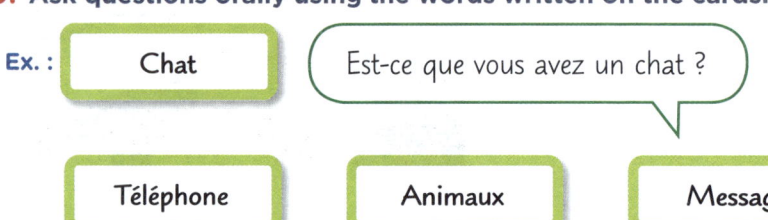

Téléphone   Animaux   Message   Réseaux sociaux

➤ Reading comprehension

To answer the questions, tick ✔ the right answer.

3 You read Clara's message on a web forum. Answer the questions.

```
Salut !
Je m'appelle Clara. J'ai 13 ans et je suis italienne.
Je cherche une correspondante francophone pour échanger en français !
Je suis optimiste, positive et créative ! Je suis aussi très active, je fais de la danse et du football !
J'aime dessiner et j'adore les animaux. J'ai une tortue. Elle s'appelle Zoé. Elle est gentille et drôle !
À bientôt !
Clara
```

1. Que cherche Clara ?

A ☐ un nouvel animal.   B ☐ une nouvelle activité.   C ☐ une nouvelle amie.

2. Comment est Clara ?

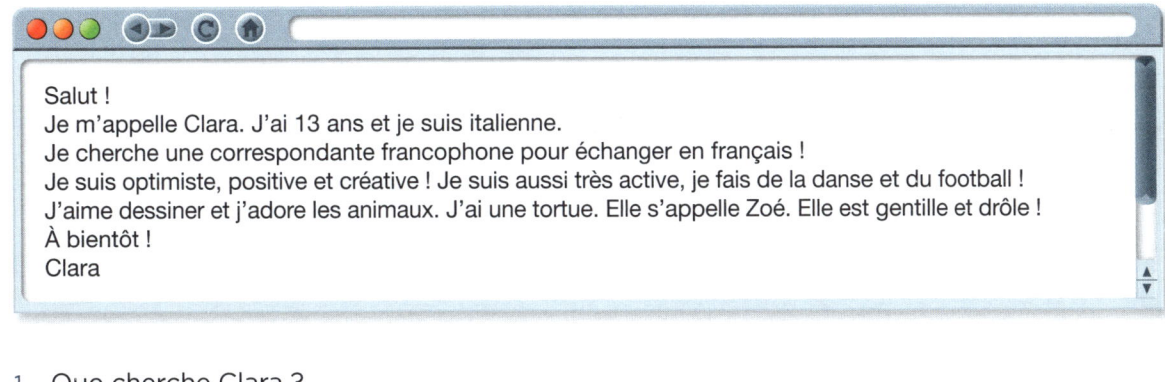

3. Clara a quel animal ?

4. Comment est l'animal de Clara ?

A ☐ calme   B ☐ actif   C ☐ gentil

➤ Writing

4 You are looking for a French penfriend. You answer Clara's message. Give information about yourself and talk about your character, your tastes (you like, you don't like), your activities, etc. (minimum 40 words)

Nombre de mots : ......

Themed vocabulary

Words in French | I translate the words into my language. | I add words in French and in my language.

Unité de découverte

Les couleurs
- blanc / blanche
- bleu / bleue
- gris / grise
- jaune
- marron
- noir / noire
- orange
- rouge
- rose
- vert / verte
- violet / violette

Les objets de la classe
- un cahier
- une chaise
- un crayon
- une gomme
- un livre
- un stylo
- une table
- un tableau
- une trousse

Les consignes de la classe
- associer
- compléter
- dire
- écouter
- écrire
- lire
- observer
- regarder
- répéter
- répondre

Words in French	I translate the words into my language.	I add words in French and in my language.

Unité 1

Les salutations
- Bonjour
- Salut
- Au revoir
- À bientôt
- À demain

Les objets
- un casque audio
- une casquette
- une console de jeux vidéo
- un livre
- une montre
- un ordinateur portable
- un sac à dos
- un skate
- un smartphone
- une trottinette
- des baskets *(fém.)*
- des lunettes *(fém.)*

Les personnes
- un(e) adulte
- un(e) ado / un(e) adolescente
- un copain / une copine
- un garçon
- une fille

Les nombres
- zéro
- un
- deux
- trois
- quatre
- cinq
- six

Themed vocabulary

Words in French	I translate the words into my language.	I add words in French and in my language.
• sept		
• huit		
• neuf		
• dix		
• onze		
• douze		
• treize		
• quatorze		
• quinze		
• seize		
• dix-sept		
• dix-huit		
• dix-neuf		
• vingt		
• vingt et un		
• vingt-deux		
• trente		
• quarante		
• cinquante		
• soixante		
• soixante-dix		
• soixante et onze		
• soixante-douze		
• quatre-vingts		
• quatre-vingt-un		
• quatre-vingt-dix		
• quatre-vingt-onze		
• cent		

Unité 2

La famille

- le cousin
- la cousine
- les enfants *(masc.)*
- la fille
- le fils
- le frère

Words in French	I translate the words into my language.	I add words in French and in my language.

- les grands-parents (masc.)
- le grand-père
- la grand-mère
- l'oncle (masc.)
- les parents (masc.)
- le père
- la mère
- la tante
- la sœur

Les noms de pays et les nationalités

- l'Allemagne
- allemand / allemande
- l'Australie
- australien / australienne
- la Belgique
- belge
- le Brésil
- brésilien / brésilienne
- la Chine
- chinois / chinoise
- l'Espagne
- espagnol / espagnole
- les États-Unis
- américain / américaine
- la France
- français / française
- la Grèce
- grec / grecque
- l'Italie
- italien / italienne
- le Japon
- japonais / japonaise
- le Maroc
- marocain / marocaine
- le Mexique
- mexicain / mexicaine
- le Liban

Themed vocabulary

Words in French | I translate the words into my language. | I add words in French and in my language.

- libanais / libanaise
- les Pays-Bas
- néerlandais / néerlandaise
- la Turquie
- turc / turque

Unité 3

Les activités de loisirs
- le baby-foot
- le cirque
- la cuisine
- cuisiner
- le dessin
- dessiner
- un jeu vidéo
- un jeu de société
- un jeu de cartes
- jouer
- la lecture
- lire
- la magie
- la musique
- la poterie
- la télévision (la télé)

Les goûts
- adorer
- aimer
- détester
- préférer

Les jours de la semaine
- lundi
- mardi
- mercredi
- jeudi
- vendredi
- samedi

Words in French	I translate the words into my language.	I add words in French and in my language.

- dimanche
- le week-end

Les moments de la journée
- le matin
- le midi
- l'après-midi *(fém. et masc.)*
- le soir

Les sports
- le basket
- courir
- la danse
- danser
- l'escalade *(fém.)*
- le foot / football
- le jogging
- la marche
- marcher
- nager
- la natation
- la pétanque
- la randonnée
- le rugby
- le ski
- le tennis
- l'ultimate *(masc.)*
- le vélo

Unité 4

Les lieux du collège
- le bâtiment
- la cantine
- le CDI (centre de documentation et d'information)
- la classe
- la cour (de récréation)
- l'étude

Themed vocabulary

Words in French | I translate the words into my language. | I add words in French and in my language.

- le gymnase
- l'infirmerie *(fém.)*
- le labo / laboratoire
- la salle de cours
- la salle des profs / professeurs
- la salle informatique
- les toilettes *(fém.)*

Les mois de l'année

- janvier
- février
- mars
- avril
- mail
- juin
- juillet
- août
- septembre
- octobre
- novembre
- décembre

Les matières scolaires

- les arts plastiques
- l'éducation musicale
- l'éducation physique et sportive (l'EPS)
- l'enseignement moral et civique (l'EMC)
- le français
- l'histoire-géographie (l'histoire-géo)
- les langues vivantes
- les mathématiques (les maths)
- les sciences de la vie et de la Terre (les SVT)
- les sciences physiques
- la technologie (la techno)

Words in French | I translate the words into my language. | I add words in French and in my language.

Unité 5

Les professions

- un acteur / une actrice
- un avocat / une avocate
- un chanteur / une chanteuse
- un commerçant / une commerçante
- un journaliste / une journaliste
- un médecin / une médecin
- un policier / une policière
- un pompier / une pompière
- un professeur / une professeure
- un vétérinaire / une vétérinaire

Les animaux

- un chat / une chatte
- un cheval (des chevaux)
- un chien / une chienne
- un dauphin
- un hamster
- un lapin / une lapine
- un oiseau (des oiseaux)
- un poisson
- une poule
- un serpent
- un singe
- une tortue

Le caractère

- actif / active
- calme
- courageux / courageuse
- curieux / curieuse
- doux / douce

soixante-cinq ■ 65

Themed vocabulary

Words in French	I translate the words into my language.	I add words in French and in my language.

- généreux / généreuse
- gentil / gentille
- intelligent / intelligente
- optimiste
- positif / positive
- sensible
- sincère
- timide

Le physique

- une barbe
- blond / blonde
- brun / brune
- châtain
- les cheveux (masc.)
- court / courte
- grand / grande
- gros / grosse
- frisé / frisée
- long / longue
- mince
- une moustache
- petit / petite
- raide
- roux / rousse
- les yeux (masc.)

Unité 6

Les réseaux sociaux

- une appli / une application
- un chat
- chatter
- commenter
- un compte
- se connecter
- échanger
- un émoji

Words in French	I translate the words into my language.	I add words in French and in my language.
• envoyer		
• laisser un commentaire		
• un message		
• une messagerie		
• un mot de passe		
• partager		
• poster		
• un pseudo		
• une publication		
• publier		
• un youtubeur / une youtubeuse		

L'amitié
- un(e) ami(e)
- discuter
- ensemble
- fidèle
- meilleur / meilleure
- passer de bons moments
- partager une passion
- un(e) pote
- rigoler

Les états d'âme
- content / contente
- en colère
- désolé / désolée
- inquiet / inquiète
- mort de rire / morte de rire
- surpris / surprise
- triste

La fréquence
- ne… jamais
- parfois
- souvent
- toujours

Administrative map of France

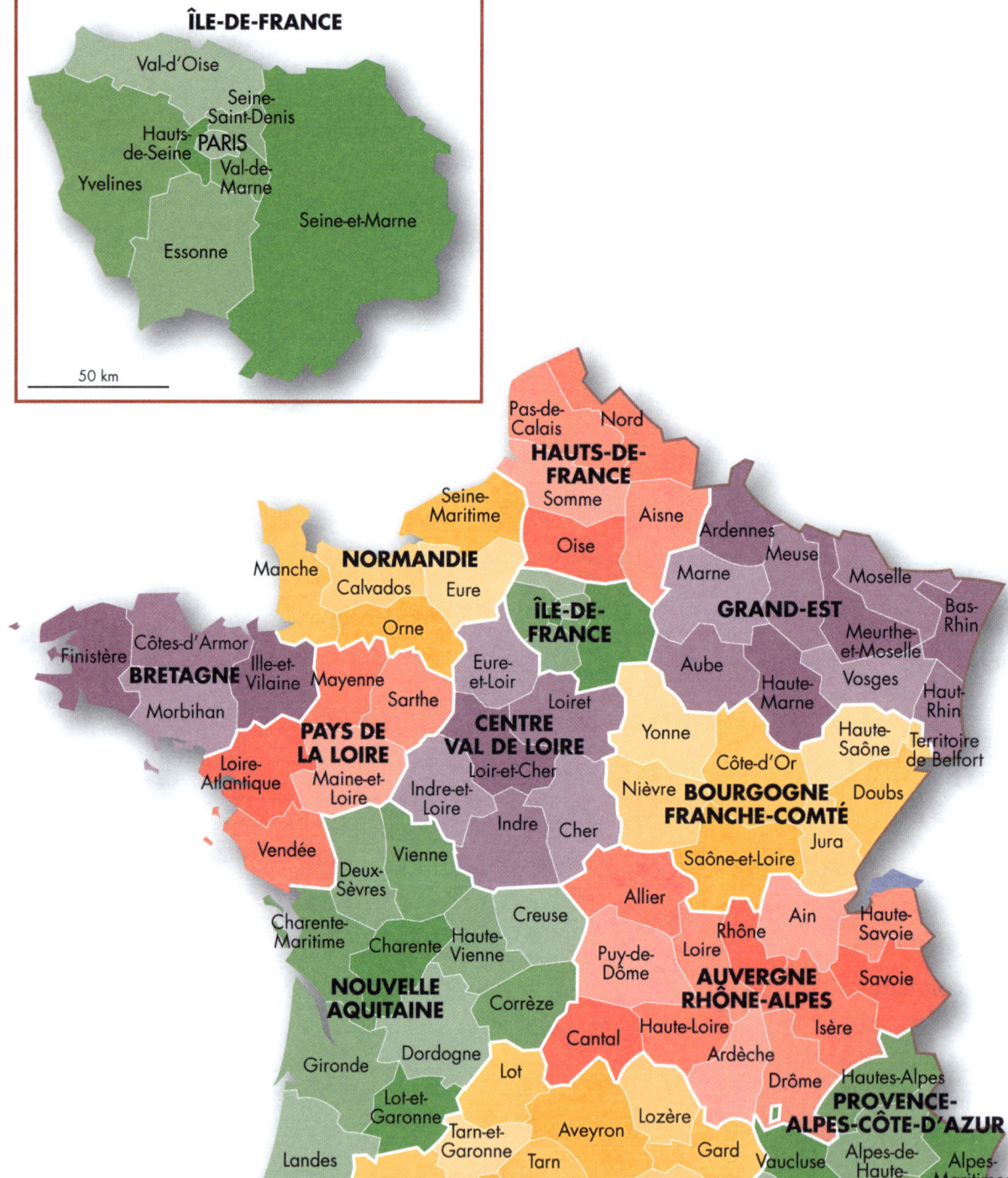

French-speaking countries

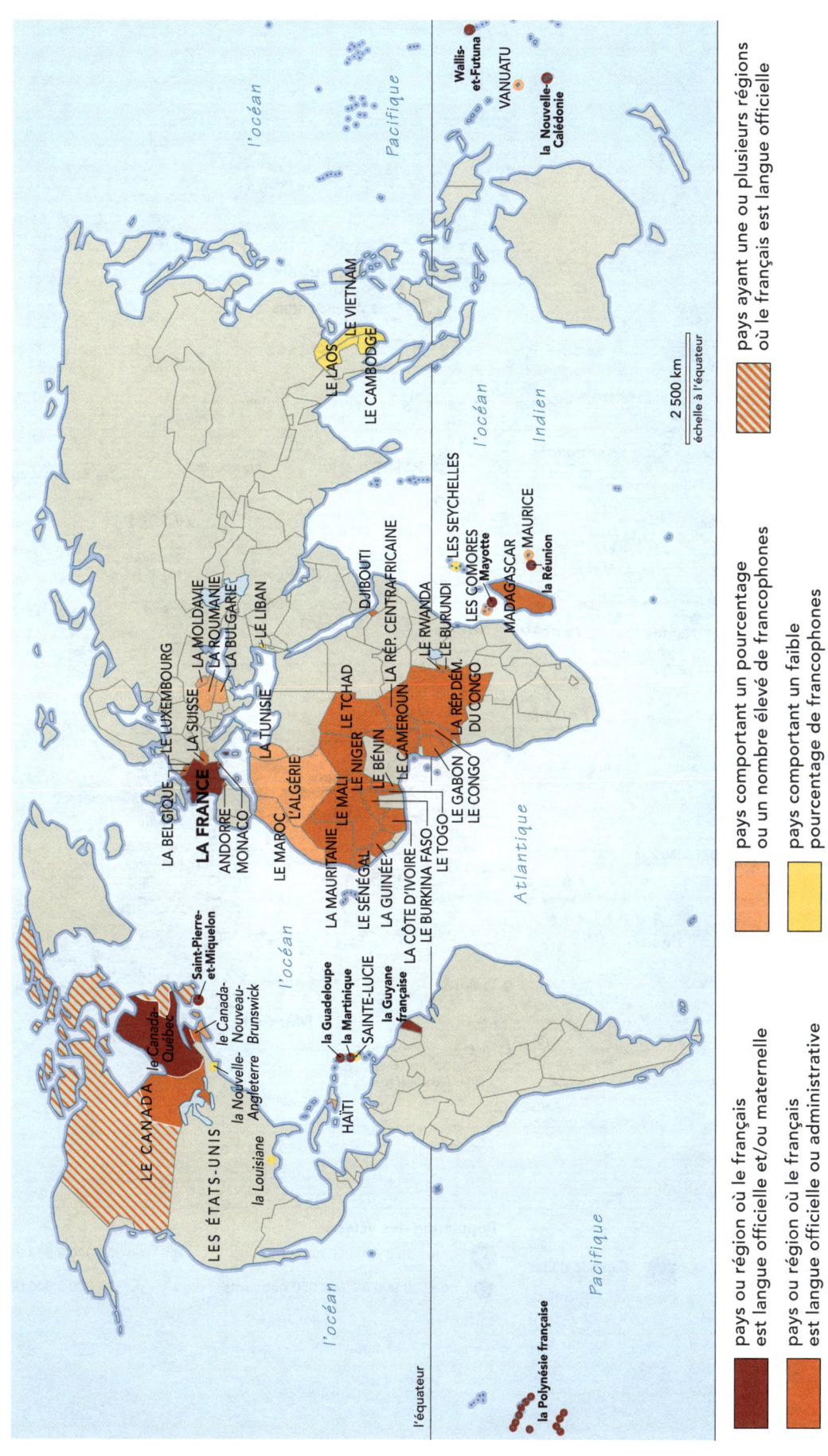

soixante-neuf 69

Relief map of France

Tourism map of France

Transcriptions

Unité 1

Lexique et Communication

Activité 2 – p. 4

 002

Exemple : *Au revoir ! Tchao ! Bonjour !*

a. À demain ! Coucou ! À bientôt !
b. Salut, Alex ! Au revoir, Alex ! Je m'appelle Alex.
c. Tchao ! Bonjour ! À bientôt !

Activité 6 – p. 6

 003

Exemple : *1, 2, 3, partez !*

a. 7 euros ? – Non ! 9 euros !
b. Alors… vous êtes : 2, 4, 6, 8, 10 !
c. 5, 4, 3, 2, 1, 0 !

Activité 8 – p. 6

 004

Exemple : *musique de smartphone*

a. *bruits de clavier d'ordinateur*
b. *bruits de montre connectée*
c. *bruits de baskets*
d. *bruits de pages d'un livre*
e. *bruits d'un jeu vidéo*
f. *bruits d'une trottinette*

Auto-évaluation 1

Activité 3 – p. 10

 005

1. la basket
2. la console
3. les casquettes
4. les livres
5. le skate
6. la trottinette

Stratégie 1

Activité 1 b. – p. 11

 006

A. Pardon, monsieur ! Comment ça s'écrit ?
  – Ça s'écrit « L - I - V - R - E » !
B. Monsieur, comment on prononce ce mot ?
  – On prononce « cahier » !
  – Merci !
C. Madame, s'il vous plaît ! Je ne comprends pas ! Vous pouvez répéter ?
D. Comment on dit ce mot en français ?
  – Je ne sais pas !
  – On dit « tableau » !
E. S'il te plait, Lisa, tu peux m'aider ?
  – Oui, bien sûr !
F. Qu'est-ce que ça veut dire « stylo » ?
  – Ça veut dire « *boli* » !

Unité 2

Lexique et Communication

Activité 2 – p. 12

 007

Je m'appelle Léa ! Mes parents s'appellent Luce et François. J'ai un grand-père et deux grands-mères : Hélène et Jacques sont les parents de mon père. Et la mère de ma mère s'appelle Annie ! Je suis fille unique.

Activité 5 – p. 14

 008

a. treize
b. seize
c. vingt
d. douze
e. quinze
f. dix-huit

Auto-évaluation 2

Activité 3 - p. 18
🎧 009

a. La sœur de ma mère a cinquante-six ans.
b. Le frère de mon père a trente-cinq ans.
c. Le fils mon oncle a treize ans.
e. Le fils et la fille de Mireille ont 18 ans.

Stratégie 2

Activité 1 a. et b - p. 19
🎧 010

photo ; ami ; fille ; père ; cousin ; espagnol

Entraînement DELF 1

Activité 1 - p. 20
🎧 011

Lisez les questions. Écoutez deux fois le document puis répondez.

Carolina : Salut ! Je m'appelle Carolina et toi ?
Louise : Salut ! Moi, c'est Louise ! Je suis française et toi ?
Carolina : Je suis allemande ! Tu as quel âge ?
Louise : J'ai 14 ans et toi ?
Carolina : Moi, j'ai 13 ans !

Unité 3

Lexique et Communication

Activité 5 - p. 23
🎧 012

a. Le dessin ! Moi, je déteste ça !
b. Oui, la lecture, c'est bien !
c. Les jeux vidéo ou les jeux de société ? Non, je n'aime pas !
d. Oh moi, je suis fan ! Je fais des spaghettis, des pizzas… ! Super bonnes !

Activité 6 - p. 23
🎧 013

1. Pourquoi tu aimes la randonnée ?
2. Tu n'aimes pas le foot ? Pourquoi ?
3. Et Éloïse ? Pourquoi c'est ta copine ?
4. Tu ne joues pas au rugby samedi ? Pourquoi ?
5. Pourquoi tu aimes le mercredi ?

Grammaire et Verbes

Activité 9 - p. 27
🎧 014

a. adorons ; b. dansez ; c. déteste(nt) ;
d. marchons ; e. marche(s)(nt) ; f. jouez

Stratégie 3

Activité 1 a. et b. - p. 29
🎧 015

Victor : Salut Julia !
Samia : Ah salut, Victor ! Qu'est-ce que tu fais ?
Victor : J'ai un entraînement de foot …
Samia : Ah bon ? Tu fais du foot le samedi matin ? Ici, au gymnase ?
Victor : Ouais… Pfff ! Mais bon, je n'aime pas ça ! Et toi, qu'est-ce que tu fais ?
Samia : Ben… moi, là, j'ai une compétition de basket…
Victor : Ah super !
Samia : Euh non, ce n'est pas super… c'est stressant…
Victor : Bon, ben, bon courage alors !

Unité 4

Lexique et Communication

Activité 3 - p. 30
🎧 016

a. – Madame !
– Oui, Loïc ?
– Je ne comprends pas ! Vous pouvez expliquer ?

Transcriptions

b. *bruits dans un gymnase.*
c. *bruits dans une cantine.*
d. *bruits dans une cour de récréation.*

Grammaire et Verbes

Activité 7 - p. 35

Exemple : *Nous faisons du sport au collège.*
a. Nous aimons l'anglais et le français.
b. Nous avons un devoir de maths.
c. Nous allons au CDI, ce soir ?
d. Nous ne participons pas à l'atelier.
e. Nous avons quels cours cet après-midi ?

Activité 8 - p. 35

a. vais ; b. allez ; c. vont ; d. allons ; e. va(s)

Auto-évaluation 4

Activité 1 - p. 36

a. Où est-ce que tu fais tes devoirs ?
b. Les vacances, c'est quand ?
c. Où est-ce qu'on va le midi ?
d. Quand est-ce qu'il y a un atelier vidéo ?
e. C'est quand la rentrée ?

Stratégie 4

Activité 1 a. - p. 37

va ve vi vo vu
cha che chi cho chu
ja je ji jo ju
ga gue gui go gü
ra re ri ro ru
za ze zi zo zu

Activité 2 a. et b. - p. 37

Il est dix heures et quart. Mes amis et moi, on est en cours d'histoire-géo. J'adore cette matière !

Entraînement DELF 2

Activité 1 - p. 38

Lisez les questions. Écoutez deux fois l'enregistrement puis répondez.

a. Aujourd'hui, j'ai cours d'arts plastiques de 10 heures à 11 heures. Je cherche la salle. Elle est où ?
b. Oh, non ! Je commence les cours à 8 heures lundi matin. J'ai deux heures de maths de 8 heures à 10 heures !
c. Le jeudi, je termine à 16 heures, c'est super ! J'ai deux heures d'histoire-géo de 14 heures à 16 heures, ma matière préférée !

Unité 5

Grammaire et Verbes

Activité 1 - p. 42

Exemple : *journaliste*
a. actrice ; b. policier ; c. pompière ;
d. professeur(e) ; e. médecin ; f. chanteur

Auto-évaluation 5

Activité 3 - p. 46

1. Ses cheveux sont longs et blonds.
2. Ses cheveux sont courts et raides. Il a des lunettes.
3. Ses yeux sont gris. Il a une longue barbe grise.

4. Ses cheveux sont longs et ne sont pas frisés.
5. Il a les yeux noirs. Ses cheveux sont roux et raides.
6. Il est blond mais il n'a pas beaucoup de cheveux !

Unité 6

Lexique et Communication

Activité 4 - p. 49

 025

a. Voici mon adresse mail : c tiret julienat arobase gmail point com.
b. Quelle est ton adresse mail ?
– C'est : arthur tiret bas veillet, arobase yahoo point FR.
c. Vous avez une adresse mail ?
– Oui, c'est lacote germain tout en minuscules arobase hotmail point com.
d. Mon adresse mail ? Voilà : lucille mory tout en minuscules arobase LP tiret orsel point org.
e. Mon adresse mail, c'est ruben point gil soixante-dix-huit arobase ladapt point net.
f. Mon adresse mail ? C'est : capucine tiret bas lulu arobase free point FR.

Activité 5 - p. 49

 026

– Loïs, tu as le numéro de téléphone de Naomi ?
– Oui, attends, c'est le zéro six... soixante-et-onze... quatre-vingt-dix-neuf... dix-huit... quatre-vingt-huit...
– Ok... Et euh... le numéro de Lucas ?
– Alors... Lucas... C'est le zéro sept, quatre-vingt-cinq, soixante-trois, quatre-vingt-douze, vingt-deux.
– Super, merci ! Et toi, Loïs, ton numéro, c'est bien le zéro six, quarante-sept, soixante-dix-neuf, cinquante-six, quatre-vingt-cinq ?
– Oui, c'est ça ! Et toi, alors, Emma, c'est quoi ton nouveau numéro ?
– Ben... c'est le zéro sept, quatre-vingt-quinze, soixante-treize, quatre-vingt-deux, trente-deux !

Auto-évaluation 6

Activité 2 - p. 54

 027

a. – Mon numéro de téléphone, c'est le 06 45 89 32 70.
– Et ton adresse mail ?
– V tiret lubin, L-U-B-I-N, tout en minuscules, arobase gmail point com.
b. – Voilà mon adresse mail : vivi point 92 arobase yahoo point fr.
– V-I-V-I, tout en majuscules ?
– Oui. Et mon numéro c'est le 07 81 71 19 52
c. – Tu as un numéro de téléphone et une adresse mail ?
– Oui, mon numéro c'est le 06 56 99 91 61. Et mon adresse mail, c'est : V, tiret bas, julien, J-U-L-I-E-N, tout en minuscules, arobase free point FR.

Entraînement DELF 3

Activité 1 - p. 56

 028

Une journaliste – Faites deviner votre personnalité préférée ! Nathan ?
Nathan – Il a les cheveux courts et noirs. Il est grand et sportif !
Une journaliste – Et toi Oriane ?
Oriane – Ma personnalité préférée a les cheveux courts et il a une barbe. Il est beau et il est drôle !
Une journaliste – Merci ! et toi Enzo ?
Enzo – Ma personnalité préférée, c'est une chanteuse ! Elle est belle ! Elle est grande et elle a les cheveux longs et bruns !

Self-assessment answer keys

Unité 1

Activité 1
a. présente ; b. comment ; c. Ça ; d. Très / prénom.

Activité 2
– (c) Bonjour ! Ça va ?
– Oui, merci. Et toi ?
– (d) Très bien, merci ! Ton prénom c'est Paolo, non ?
– Non !
– (b) Ah… Et comment tu t'appelles ?
– Marco ! Et toi ?
– (a) Moi, c'est Amélie. Et je te présente ma copine, Pauline.
– Salut, Pauline.

Activité 3 a.
2/1/5/4/6/3

Activité 3 b.
1. les baskets ; 2. les consoles ; 3. la casquette ; 4. le livre ; 5. les skates ; 6. les trottinettes.

Activité 4
a. C'est un smartphone. ; b. Ce sont des lunettes. ; c. C'est une trottinette. ; d. Ce sont des sacs à dos. ; e. C'est une montre.

Unité 2

Activité 1
a. de la France. ; b. du Brésil. ; c. de l'Espagne. ; d. des États-Unis.

Activité 2
a. Mon grand-père est français. ; b. Notre mère est marocaine. ; c. Votre famille est chinoise. ; d. Nos grands-parents sont brésiliens. ; e. Sa mère est belge. ; f. Ses grands-parents sont allemands.

Activité 3
a. Ma tante a 56 ans. ; b. Mon oncle a 35 ans. ; c. Mon cousin a 13 ans. ; d. Les enfants de Mireille ont 18 ans. ; e. Sa mère est belge. ; f. Ses grands-parents sont allemands.

Activité 4
a. C'est / il est ; b. Notre / original ; c. Leur / a ; d. est / belle. ; e. Vos / ont ; f. C'est / leur.

Unité 3

Activité 1
a. Nous jouons à quel jeu ? ; b. Quels jours de la semaine tu cuisines ? ; c. Tes copains aiment quelles consoles de jeu vidéo ? ; d. Quelle activité physique vous détestez ?

Activité 2
a. Le cirque : le mercredi après-midi ; b. La musique : le jeudi matin ; c. La lecture : le vendredi soir ; d. La poterie : le samedi après-midi.

Activité 3 a.
1. tennis ; 2. basket ; 3. natation ; 4. ski ; 5. escalade.

Activité 3 b.
1. Mes copains ne regardent pas le tennis à la télé. ; 2. Vous ne faites pas de basket. ; 3. Nous n'avons n'a pas d'entraînement de natation. ; 4. Je n'aime pas les compétitions de ski. ; 5. Tu ne fais pas d'escalade.

Activité 4
a. Est-ce que tu aimes jouer aux jeux vidéo ? / Oui, j'adore ! Je joue tous les après-midis ! ; b. Pourquoi tu détestes cuisiner ? / Parce que je n'aime pas ça ! ; c. Qu'est-ce que tu fais, les après-midis ? / Je fais du sport : je joue à la pétanque et au foot.

Unité 4

Activité 1
a. Au CDI. ; b. Du 20 octobre au 4 novembre. ; c. À la cantine. ; d. Ce midi. ; e. Le 2 septembre.

Activité 2
a. Il y a des ordinateurs dans ces salles. ; b. Il n'y a pas de casiers dans ce collège. ; c. Il y a des livres dans ce sac. ; d. Il n'y a pas d'élèves dans cet atelier. ; e. Il y a un tableau numérique dans cette classe.

Activité 3

a. Nous avons EPS à neuf heures et quart.
b. Vous avez SVT à une heure et demie.
c. J'ai histoire-géo de onze heures cinq à midi.

Activité 4

a. On / 2 ; b. à la / 4 ; c. au / 1 ; d. dans / 3.

Unité 5

Activité 1

a. beaucoup / très / gentille. ; b. très / créative / beaucoup de ; c. beaucoup / très / généreux ; d. très / sympa / beaucoup d'.

Activité 2

a. peut / médecin. ; b. peuvent / policières. ; c. pouvons / journalistes.

Activité 3

Alice : N°1 ; Titeuf : N°6 ; Esther : N°4 ; Harry Potter : N°2 ; Spirou : N°5 ; Gandalf : N°3.

Activité 4

a. chat / rose et violet. ; b. poisson / orange et jaune. ; c. chien / marron. ; d. cheval noir

Unité 6

Activité 1 a.

1. Toute ; 2. tout ; 3. tous ; 4. toutes.

Activité 1 b.

1. d ; 2. c. ; 3. b ; 4. a.

Activité 2

a. 89 / 70 / v-lubin ;
b. 81 / 71 / VIVI.92 ;
c. 99 / 91 / v_julien

Activité 3

a. Ne publiez pas d'informations personnelles !
b. Envoie cette photo à tes meilleurs amis !
c. Partagez des vidéos intéressantes !
d. N'utilise pas toujours ton vrai nom !
e. Échangeons de bons conseils !

Activité 4

a. discute / tous les
b. jamais / pseudo
c. Chaque / passons
d. connectes / compte
e. souvent / appli.

Imprimé en France par la Nouvelle Imprimerie Laballery – N° 111419-111418
Dépôt légal : décembre 2021 – Édition n° 01 – 20/4027/0